Friedrich Wilhelm Schlöffel

Preussen

durch seine Aristokratie Deutschlands grösster Feind

Verlag der Wissenschaften

Friedrich Wilhelm Schlöffel

Preussen

durch seine Aristokratie Deutschlands grösster Feind

ISBN/EAN: 9783957006967

Auflage: 1

Erscheinungsjahr: 2016

Erscheinungsort: Norderstedt, Deutschland

@ Verlag der Wissenschaften GmbH & Co KG. Alle Rechte beim Verlag und bei den jeweiligen Lizenzgebern.

Preußen

durch seine Aristokratie

Deutschlands größter Feind.

> „Der Rückschritt bemächtigt sich jedes Bodens, welcher Anfangs blos Behufs des loyalen Fortschritts von der rohen Gewalt befreit worden war.
> — Fürst Wallerstein.

Leipzig,

1830.

Dem

Markgrafen

Massimo Taparelli d'Azeglio,

dem

wahrhaft constitutionellen Minister-Präsidenten

des

wahrhaft constitutionellen Königs von
Sardinien

hochachtungsvoll

zugeeignet

vom

Verfasser.

„Die negativen Wahrheiten kann jeder begreifen, wogegen positive Gründe sich nur großen Geistern offenbaren."
                      Chateaubriand.

„Wo Hochmuth von oben den Neid von unten erzeugt, vermag keine politische Form die sociale Decomposition zu hemmen, welche einer Gesellschaft bevorsteht, in der das moralische Element der Religion und Nächstenliebe fehlt."
                      Fürst Schwarzenberg.

> Die Kunst, die öffentliche Meinung zu leiten oder ihr zu rechter Zeit nachzugeben, ist die Wissenschaft des Herrschers.
> Frau v. Staël.

Im Unglück muß man der Ursachen sich bewußt werden, die das Unglück herbeigeführt haben. Unser Unglück ist und war von jeher die Aristokratie. Karl der Große hatte vor tausend Jahren zur Verwaltung seines weiten Reiches den Gauen und Marken Beamte vorgesetzt, welche nach ihrem Amte Markgrafen, Burggrafen, Pfalzgrafen u. s. w. genannt wurden. Aus der Amtspflicht erhoben sich ihre Nachkommen und Nachfolger zur Fürstengewalt und als die Herzöge und Grafen Landesherren geworden waren, erhoben sich ihnen gegenüber, in ihrem Gebiete, wiederum andere Herren, welche sie selbst um den größten Theil ihrer Macht zu bringen verstanden. Dem Kaiser treu blieben nur die Städte, so weit sie nicht von den geistlichen und weltlichen Herren überwältigt wurden, den ehemaligen Dienern des Kaisers. Einst hatte in den Volksversammlun=

gen jeder freie Deutsche Stimme; nun engten auf den Reichstagen die Landesherren des Kaisers Macht und auf den Landtagen den Landesherren die privilegirten Stände ein: Geistlichkeit und Ritterschaft, die durch den Druck nach unten mächtig geworden waren.

Nicht in Deutschland allein, auch im übrigen Europa hatte die sogenannte segensreiche Vermittelung des Adels zwischen Fürst und Volk, die Macht der Fürsten dermaßen beschränkt, daß diese besonders nach dem 30jährigen Kriege die Nothwendigkeit einsahen, solche Fesseln zu brechen. Ludwig XIV. vollendete zuerst den Uebergang von einer ständischen Verfassung zur Monarchie, was in Dänemark durch eine vom Volke zu Gunsten des Königthums gegen den Adel bewirkte Revolution herbeigeführt worden war. In Schweden versuchten Karl XI. und Karl XII. im Interesse des Volkes die Macht des Adels zu brechen. Die österreichische Monarchie emancipirte sich beinah ganz von ihren Landständen, und seit der große Kurfürst in Preußen Gleiches begonnen hatte, gelang es seinen Nachfolgern, die letzten Reste der Feudalstände auszurotten und eine Großmacht zu begründen.

Nur in England, wo allein der Adel kein leerer Name ist, und dennoch eine halbe Vermischung der Stände herrscht, entwickelte sich die constitutionelle Monarchie, welche allen späteren Stürmen widerstanden und England so groß und glücklich gemacht hat. Dagegen war in Polen der Edelmann Alles geworden, der Bürger Nichts und der Bauer weniger als Nichts. Die Folge einer solchen Verfassung war das Ende Polens. Denn durch die Wahlumtriebe war Polen dergestalt an Rußland verkauft, daß diese königliche Republik seit dem Anfang des 18. Jahrhunderts eigentlich nichts als eine russische Provinz war. Das konnten die Nachbarn natürlich nicht ruhig mit ansehen, und so nahm jeder sein Theil. In Rußland hatte ein kräftiger Monarch des alten Adels Unwesen schon früher vernichtet; er verbrannte alle Adelsurkunden und schaffte auf einmal alle angemaßten Privilegien des Adels ab, wodurch der freie Russe nach und nach Leibeigner geworden war. Die Aristokratie nennt ihn dafür Iwan den Schrecklichen; er aber war es, der Peter dem Großen vorarbeitete, Rußland zur europäischen Großmacht zu machen. *

Nur in Deutschland blieben die Hunderte von kleinen Suveränen dergestalt im Netz der alten Feudalstände, daß sich dieselben zum Theil bis in die neueste Zeit erhalten konnten. Diese Duodez=Monarchen konnten nämlich nur durch Begünstigung des Adels sich eine würdige Umgebung verschaffen, da jeder einen Hof halten wollte. Jeder solcher Fürst, sogar der Bischof von Münster hatte seine hohen Erbämter. Ja selbst noch kleinere Fürsten hielten ihren Hofmarschall, Truchseß, Küchenmeister, Oberhofmundschen=ken, Kammerherrn, Kammer=, Hof=, Jagd= und Stall=junker. Ohnerachtet eines solchen hochtrabenden Hof=staats blieben diese Fürsten aber abhängig von ihrem Adel,

---

* Die im Jahre 1842 zu Leipzig herausgekommene Satyre: „Nur nicht nach Norden" zeigt, daß unsere deutschen Aristokraten sich sehr irren, wenn sie Rußland für das Paradies des Adels halten. Dort hat der Dienstadel den Vorzug vor dem Ge=burtsadel.

indeß sich im übrigen Europa die absolute Monarchie ausgebildet hatte.

In England waren längst alle Feudalmißbräuche abgeschafft, während im größten Theile von Deutschland noch bis zu unseren Tagen der Grundsatz bestand: Nulle terre sans seigneur, d. h. es sei vorauszusetzen, daß jeder Grundbesitzer noch einen Herrn außer dem Landesherrn haben müsse. Darum haben wir noch in dem für aufgeklärt gehaltenen Deutschland und namentlich in Preußen, das sich für das Land der Intelligenz hält, den Gutsherrn im Besitz der Rechtspflege und besonders der Polizeiverwaltung gefunden. Aus verjährtem Unrecht war endlich Recht geworden. Es war daher nicht zu verwundern, daß der arme Landbewohner zum Unterthan, zum gutshörigen Frohndiener, zum Leibeignen herabgesunken war und daß er alle Arten von Roboten, Diensten und Abgaben zu leisten hatte. Je kleiner der Staat, desto drückender wurden diese Feudallasten, da kleine Landesherren dem Adel gegenüber weniger die Macht hatten, solchem Druck zu steuern.

Auf diese Weise war die Freiheit des Deutschen verloren gegangen, und nicht nur die Freiheit verloren, sondern Servilität dergestalt zur Gewohnheit geworden, daß sie von Wenigen mehr gewahrt worden, und daher so schwer auszurotten ist.

Deutsche Servilität. *

"Er kann nicht Offizier werden, er ist kein Edelmann, die Bürgerlichen haben keine Ehre."
Friedrich der Große.

So weit war es mit dem freigeborenen Deutschen gekommen, dem Deutschen, der den König der Franken zu seinem Herrscher ernannte, indem er ihn auf den Schild hob! Noch Karl der Große ward, wie Eginhard ausdrücklich bemerkt, nach dem Tode seines Bruders mit Genehmigung aller Franken zum Herrscher des Gesammtreichs ernannt.

Noch im 14. Jahrhundert ward die freie deutsche Geburt so hoch gehalten, daß es eines Reichstagsbeschlusses bedurfte, um zu bestimmen, daß man diese Rechte der Geburt nicht verlor, wenn man das Waffenhandwerk gelernt und den Ritterschlag bekam. Bald darauf aber ließen dieselben Deutschen sich gefallen, daß ein anderer Reichstagsbeschluß festsetzte, Niemand solle mehr den Ritterschlag erhalten, dessen Vater nicht Ritter war. So wurde der Kriegerstand eine geschlossene Kaste, und damals, wo nur das Recht des Stärkeren galt, ward es für ehrenvoll gehalten, den handeltreibenden Bürger zu berauben, und den Landbebauer zu unterjochen.

Die Kaiser, zur vollständigen Machtlosigkeit herabgesunken, konnten das Volk nicht schützen; die Statthalter

---

* Einige der folgenden Abschnitte sind früher in der „Europa" in einem anderen Zusammenhange mitgetheilt worden.

der Provinzen hatten sich zu erblichen Landesherren ge=
macht, Richter oder Grafen, Bischöfe und Aebte wurden
souverän, und Deutschland zerfiel in viele hundert Herr=
lichkeiten. Nun war die Aristokratie in Deutschland hi=
storisch begründet. Die ärgste Tyrannei e i n e s Kaisers
hätte die Deutschen nicht in gleichem Maße demoralisirt,
denn sie hätte vor der Herrschaft so vieler Tyrannen ge=
schützt. Ein Despot ist der beste Schutz gegen die Viel=
herrschaft der Aristokratie.

Dennoch konnte der nicht durch Geburt zum Herrschen
bestimmte gebildete Deutsche sich noch auszeichnen und
neben der Adelskaste einen bedeutenden Wirkungskreis er=
langen. Er ward Priester. Die Geistlichen wurden da=
mals als Richter, Verwaltungsbeamte, Kanzler, Ge=
sandte u. s. w. verwendet; sie waren daher ebenfalls zu=
friedengestellt; um so mehr, da ihnen das geistliche Ge=
wand gewöhnlich den Vorrang vor dem Adel verschaffte,
dies Gewand ihnen aber eben nicht bedeutende Beschrän=
kungen auflegte. Sagte doch der Kardinal Richelieu:
das Gelübde der Armuth hat mich zum Millionär, das der
Keuschheit zum Geliebten der vornehmsten Frauen, und
das Gelübde des Gehorsams zum Herrn von Frankreich
gemacht!

Doch bald eignete sich der Adel durch seinen Einfluß
an den zahllosen Höfen auch diese Aemter zu, da er bei
dem eingetretenen Landfrieden nicht überall Beschäftigung
für das Waffenhandwerk fand. Dazu kamen die bedeu=
tenden Einwirkungen der Reformation. Die Geistlichen,
welche sich zu dieser bekannten, standen nicht mehr außer=
halb der bürgerlichen Gesellschaft, sondern gehörten durch

ihre Familie dem Staate an. Allein hatten sie vorher sehr gut leben können, so machte sie nunmehr die Sorge um Frau und Kinder von den Laien abhängig; ihre hohe Stellung hörte auf, und der adelige Kirchenpatron, der sonst warten mußte, ob ihm der Geistliche die Absolution geben würde, sah jetzt stolz auf den armen Familienvater herab, der Wohlthaten von ihm nehmen mußte.

Auf diese Weise hat mittelbar die Reformation zu der Servilität beigetragen, in welche der Deutsche versunken ist. Der Kanzler, der Arzt 2c., der zugleich Geistlicher war, hatte in diesem Stande eine gewisse Haltung; der Kaufmann konnte sich Ansehen verschaffen durch sein Besitzthum, wodurch er viele Vornehme von sich abhängig machte, und so ward noch im 15. Jahrhundert der Kaufmann Fugger in Augsburg, der Enkel eines armen Webers, selbst Reichsfürst. Aber der jetzt nach und nach entstehende Gelehrtenstand verfiel der traurigsten Unbedeutendheit. Der gebildetste Bürgerliche mußte, um ein Stück Brod zu haben, eine untergeordnete Stellung einnehmen, während der Höfling zu etwas Höherem geboren war. Ein Gelehrter und ein armer Teufel oder unbeholfener Pedant wurden gleichbedeutende Begriffe, und endlich war es so weit gekommen, daß dem Bürgerlichen kein Ehrgefühl mehr zugetraut ward; wie dies der deutsche Friedrich von Preußen ausdrücklich auszusprechen sich nicht scheute.

Die Kriegerkaste.

„Der Fähnrich hat den Rang vor
dem Kriegsrathe."
Friedrich II.

Die inmittelst aufgekommenen stehenden Heere hatten die allgemeine Wehrhaftigkeit der Deutschen vernichtet. Der Heerbann ward nicht mehr aufgeboten, der Ritter diente nicht mehr als Reiter; in Folge davon kam es bald dahin, daß der Bürgerliche als gemeiner Soldat eingestellt ward, um sich von dem jungen Adel auf die unwürdigste Weise behandeln zu lassen, während dieser selbst die Steuerfreiheit für die weggefallenen Reiterdienste behielt. Der erste preußische Feldmarschall Dörflinger war noch der Sohn eines Handwerkers. Dies hörte bald auf; nicht Verdienst, sondern Geburt entschied.

Dazu kam, daß bei der Menge der deutschen Höfe die Offiziere zugleich dazu gebraucht wurden, den Hofstaat zu vermehren. Dazu konnte natürlich ein Mensch „ohne Geburt" nicht gebraucht werden; ein Tänzer für Prinzessinnen muß vor allem Ahnen haben, Verdienst kommt dabei nicht in Betracht. Die kleinsten deutschen Höfe wollten auch hierbei in ihrer Nachahmung des französischen Hofes nicht zurückstehen; in Versailles aber konnte kein Mensch am Hofe erscheinen, dessen Voreltern nicht schon vor 1399 von Adel gewesen waren. Alle Nachahmung führt zur Uebertreibung, und so wurden diese exclusiven Vorschriften auch auf die Abstammung der Mutter ausgedehnt. In Frankreich, England, Italien u. s. w. kommt es auf den Stand der Mutter nicht an; in Deutschland aber verlor der Ebenbürtige seine Rechte, wenn sein Vater oder Großvater „ehrvergessen" genug gewesen war, eine Bürgerliche zu heirathen. Auch heute lebt in einem leicht zu errathenden Theile von Deutschland eine schöne, liebenswürdige Gräfin, die keine Heirath machen konnte, weil, obwohl ihre Mutter eine Prinzessin und ihr Großvater Kurfürst war, die Großmutter nicht den unbedeutendsten Adelsnamen führte.

In Frankreich konnte der stolzeste Marquis durch eine bürgerliche Heirath (so lautete das Sprüchwort) seine dürren Aecker mit Bürgermist düngen, ohne daß dies seiner Nachkommenschaft schadete. In England kann ein Herzog dem Zuge seines Herzens zu einer gebildeten Kaufmanns- oder Doktorstochter folgen. Nur der systematisirende Deutsche fand darin ein unübersteigliches Hinderniß. Erst Kaiser Nikolaus hat hierin eine neue Bahn gebrochen; seine Tochter hat den Sohn eines Mannes von niederem Adel geheirathet; denn wenn derselbe auch durch Napoleons Macht eine Königstochter geheirathet hatte und Fürst geworden war, so machte ihn dies nach den Begriffen unseres deutschen Vollblutes doch nicht ebenbürtig.

Der Deutsche hatte sich so daran gewöhnt, das Bestehende gut zu finden, daß der Adel bald die Offizierstellen durch Verjährung erworben hatte. Preußen trieb es am ärgsten und Preußens Beispiel fand Nachfolge. In Oesterreich blieb diese Beförderung noch am meisten dem Verdienst überlassen; je kleiner aber die Staaten, desto strenger war man bei der Auswahl. Im Großherzogthum Oldenburg, welches beinahe gar keinen landsässigen Adel besitzt, kam man nicht auf den Gedanken, daß es möglich wäre, reichen und gebildeten Inländern, welche den Dienst als Unter=

offiziere gelernt hatten, Beförderung zum Offizier angedeihen zu lassen, sondern man ließ aus allen Theilen Deutschlands arme Edelleute heranziehen, — um zugleich Hofleute zu haben.

Auf diese Weise war der Adel besonders in Norddeutschland im Offizierstande aufgegangen, und dieser ward als Monopol des Adels angesehen; so daß noch 1814 ein französischer Maire, ein Cidevant, einem Freunde des Schreibers dieser Zeilen sagte: Ich bin als Ausgewanderter in Preußen gewesen, ich weiß, daß Sie als Offizier von Adel sind, ich weise Ihnen daher kein anderes Quartier als meine Wohnung an. Auch sagt v. Lüttwitz-Rux in einer Broschüre über die Vorzüge des Adels: „dessen Verdienste um den Staat gehen besonders daraus hervor, daß die Ranglisten der preußischen Armee seit 100 Jahren darthun, wie viel tausend Edelleute sich dem Offizierstande gewidmet haben!" Wären solche Leute nicht durch die Servilität ihrer Umgebungen verwöhnt, so könnten sie nicht wagen, so etwas zu sagen, was sich mit anderen Worten dahin herausstellt: Der Adel hat sich sehr wohl dabei befunden, das Offiziergehalt zu beziehen, was die Bürgerlichen nicht erlangen konnten, welche unter dem Adel die Dienste der Gemeinen thun müssen; um so mehr, da in der Schlacht nur stets auf 30 Gemeine ein Offizier fällt.

Da nun die Eltern ihre Söhne nicht besser unterbringen konnten, als im Offizierstande, wozu nichts als die adelige Geburt erforderlich war, so wurden alle jungen Edelleute mit dem 17. Jahre auf diese Weise versorgt. Ob sie etwas gelernt hatten, darauf kam es nicht an, denn wenn sie es mit dem Alter zwangen, mußten sie es dennoch zur Excellenz, ja bis zum Feldmarschall bringen. Daher in Preußen der ungeheure Uebermuth dieser privilegirten Kriegerkaste gegen Alle, die nicht offizierfähig, d. h. Bürgerliche waren; daher die offenbar ausgesprochene Verachtung gegen jede Geistesbildung; jeder Beamte wurde Schreiber und jeder Gelehrte Schulfuchs genannt.

Alle diese Mißbräuche, die im übrigen Deutschland factisch bestanden, wurden aber in Preußen gesetzlich festgestellt, wodurch eben dies „Land der Ordnung" den Schaden verewigt hat. In dem preußischen Landrecht ward ausdrücklich ausgesprochen: Der Adel als der erste Stand im Staate und die Stütze desselben, ist vorzugsweise zu allen Ehrenstellen berufen. Wenn vorher faktisch nur Adelige Offiziere wurden, so stand es seitdem gesetzlich fest; habent legibus sancitum! In diesem Gesetzbuche steht ferner, daß die Ehe eines Edelmannes mit der Tochter eines Bürgers oder Bauern nichtig ist. Besonders aber ist es ein Gesetz, welches zeigt, wie vom preußischen Staate alle Menschenrechte mit Füßen getreten wurden, nämlich das Duellgesetz, worin es heißt: Wenn sich Bürgerliche auf Stöcke fordern, soll es wie eine Schlägerei angesehen werden; geschieht's aber auf Waffen, so wird es als Versuch des Mordes bestraft.

Dies Gesetzbuch ist meist von hohen Justizbeamten, besonders von dem gelehrten Suarez bearbeitet worden. So weit war damals schon die Servilität in Deutschland gediehen, daß Bürgerliche sich selbst zu solchen Schandmalen hergaben. Allerdings hatte Ludwig XIV. 1651 es für eine Unverschämtheit erklärt, wenn Bürgerliche sich duellirten, da blos der Edelmann Profession von der Ehre zu machen habe, allein die Parlamente würden sich vor Europa geschämt haben, solch ein Gesetz einzuregistriren. So weit war es aber schon in Deutschland durch die Gewöhnung mit dem Uebermuth der Offiziere, d. h. der Adeligen gekommen, daß der gebildete Mann von Ehre auf eine Insulte von einem dieser Bevorzugten nicht mit einer Herausforderung antworten durfte!

— —

Deutschland in tiefster Erniedrigung.

> „Der Großen Hochmuth wird sich legen,
> Wenn unsere Kriecherei sich legt."
> Bürger.

In den katholischen Ländern Deutschlands hatten sich die socialen Verhältnisse unterdeß ganz anders gestaltet. Die Bischöfe wurden ehedem aus den frömmsten Geistlichen genommen und alle Pfründen waren jedem zugänglich. Bald aber ward es in den Dom- und andern Kapiteln und geistlichen Stiftern nach und nach Sitte, nur Adelige zuzulassen; und so kam es dahin, daß je größer die Vortheile schienen, die mit einer solchen Stellung verbunden waren, desto ausgesuchter der Adel der dazu Befähigten sein mußte, das heißt: um so viel mehr Ahnen waren dazu erforderlich. Gewöhnlich wurden 16 Ahnen für stiftsfähig angenommen. Doch gab es auch hier und da, z. B. in Mainz, Burgund u. s. w. Kapitel, die 32 Ahnen forderten.

Diese geistlichen Körperschaften waren die Pflanzschulen der vielen deutschen Aebte, Bischöfe, Prälaten und Kurfürsten, sie waren zugleich der Senat der Fürsten, der oft die suveräne Gewalt des Fürstbischofs von Paderborn, Münster u. s. w. sehr beschränkte. Natürlich erhielten ihre Verwandten alle Aemter im Lande, und wenn ein Domherr der Frau eines noch so reichen Kaufmanns oder Arztes die Ehre erzeigte, sie schön zu finden, so fand sich das ganze Haus durch den vornehmen und mächtigen Gönner beglückt; nun konnte es ja an Protektion nicht fehlen, und gern überließen die domherrlichen Familien die niedern Aemter ihren bürgerlichen Kreaturen.

Dieser stiftsmäßige hohe Adel war zu den Minister-, Präsidenten- und Stabsoffizierstellen geboren. Die niedern Stellen anzunehmen, war unter seiner Würde. Die Adligen ließen daher Söhne ihrer Bauern auf ihre Kosten studiren, welche durch ihren Einfluß Richter wurden und dann in den Prozessen zwischen den Bauern und dem Adel zu entscheiden hatten. Aus Kindlingers Urkundensammlung von Westfalen geht hervor, daß viele Bauerhöfe noch freies Erbe auf der rothen Erde waren und erst durch allerlei Umtriebe in die Hörigkeit des Adels gekommen sind. Man klagte die auf die angegebene Art beförderten Appellations- oder Hofräthe der größten Parteilichkeit gegen die Bauern an, entschuldigte sie aber gewöhnlich damit, daß sie meist natürliche Söhne der Edelleute seien. Das Recht der ersten Nacht war in einem solchen Staate, bei Erwägung aller dieser Verhältnisse, thatsächlich vorhanden.

Die durch Frömmigkeit gestifteten Frauenklöster wurden ebenfalls Versorgungsanstalten der stiftsfähigen Mitglieder des Adels weiblichen Geschlechts. Sie bekamen ihre eignen Häuser, gaben Bälle und lebten so angenehm, wie sie wollten. Wenn auch einmal ein kleines Unglück vorfiel, so wußte man doch die Ehre des Standes zu bewahren und war so klug, ein Auge darüber zuzudrücken. Der dort am meisten zur Servilität erzogene Bürgerliche wußte nicht anders, als daß es so sein müsse. Kam eine Equipage dieser Herrschaften gefahren, so nahm der Reichste schon von weitem seinen Hut ab; auf die Frage, wen er begrüße? war die Antwort: Ich weiß es nicht; wir sind es gewohnt, so zu grüßen, und die Herrschaften sind so artig, daß sie, wenn der Wagen leer ist, den Diener nicht hinten aufstehen lassen; das ist dann für uns ein Zeichen, daß wir nicht nöthig haben, zu grüßen! — homines ad servitutem parati!

Wenn schon der Mittelstand sich solche Erniedrigung gefallen ließ, obwohl er die Macht der Bildung besaß, die hochgepriesenen deutschen Gelehrten, die Deutschland im Auslande den Ruf der Gründlichkeit und Gelehrsamkeit erworben haben: wie mußte es erst beim armen Volke aussehen! Während die deutschen Philosophen sich in überschwängliche Spekulationen vertieften, bekümmerten sie sich nicht darum, daß der Erzbischof von Salzburg einen Wilddieb für einen geschossenen Hirsch in eine wilde Schweinsschwarte einnähen und durch seine Hunde zu Tode hetzen ließ; bekümmerten sich nicht darum, daß der Bischof von Bamberg den unbefugten Jäger eines Hasen auf einen Hirsch binden ließ, bis dieser von der ungewohnten Last geängstigt, Tage lang durch Wald und Dörfer laufend, verendete; bekümmerten sie sich nicht darum, daß preußische

Werber die Seelenverkäufer für die in Festungen einge=
schlossenen Regimenter machten! Der Verfasser Dieses
kannte noch einen Invaliden, einen Ausländer, der die er=
sten 25 Jahre seines Dienstes nicht die Thore von Wesel
hatte verlassen dürfen, um in Gottes freier Natur einen
Spaziergang zu machen. Dabei hatte der preußische adelige
Leutenant das Recht, einen solchen Unglücklichen mit dem
spanischen Rohr, das damals zur Uniform gehörte, so oft
zu schlagen als er wollte, wobei sich mancher die Schien=
beine und die Hände, als die schmerzhaftesten Stellen ab=
sichtlich aussuchte. Die am Fenster liegende Schöne des
Herrn Offiziers konnte nicht genug rühmen, wie martia=
lisch schön der junge Held in seinem Grimme ausgesehen;
Grund genug, daß ein anderer Unglücklicher wieder bei
nächster Gelegenheit Veranlassung geben mußte, der Zu=
schauerin ein solches Schauspiel zu verschaffen.

Hieraus kann man leicht abnehmen, zu welchem Zu=
stande der Sklaverei der arme Bauer herabsank. Die tür=
kische Sklaverei ist lange nicht so fürchterlich, als es die
deutsche Leibeigenschaft und Unterthänigkeit war. Auch
die russische Leibeigenschaft nicht, da der Unterthan gewöhn=
lich nur eine bestimmte Abgabe zu bezahlen hat. Der
Türke behandelt seinen Sklaven menschlich, macht ihn oft
frei und zu seinem Erben. Aber je ordentlicher der deutsche
Landedelmann seine Wirthschaft bestellte, desto härter war
das Loos des armen Bauern. Besonders hatte sich der schle=
sische Adel darin vor der Zeit der preußischen Herrschaft aus=
gezeichnet. Noch ist ein Urbarium eines v. Strachwitz
von 1736 vorhanden, worin es heißt: Auf Verlangen
der Herrschaft müssen zwei Hofgärtner (die keine Pferde

besitzen) sich vor den Pflug spannen und pflügen! Und auf dem Gute eines Grafen Dyhrn starb damals ein solcher armer Bauer vor dem Pfluge angeschlossen.

Kastmir der Große hatte 1333 den Bauern, welche sich über den Druck der Edelleute beschwerten, gesagt: Habt Ihr denn keine Steine und Stöcke, mit denen Ihr Euch widersetzen könnt? Friedrich der Große setzte Beamte ein und hoffte durch sie seinen armen geplagten Bauern Schutz zu geben; aber sein Stern sank unter, ohne daß es viel besser geworden war. Friedrich Wilhelm III. dachte endlich daran, die bäuerlichen Lasten abzulösen und einen freien Bauernstand zu gründen. Allein im Jahre 1804 berichtete das damals als sehr gelehrt, gerecht und gründlich bekannte Oberamt zu Breslau: „Der Adel würde durch eine solche Einrichtung zu viel verlieren; der Bauer aber befindet sich recht wohl." O Schande deutscher Gesinnung!

Damals schrieb der reichste Advokat, den der verschuldete Baron sehr nothwendig brauchte, an denselben: „Ew. hochfreiherrlichen Gnaden unterthänigster Knecht", und ward er mit dem Superintendenten zum Essen auf das Schloß geladen, so fanden beide es sehr natürlich, unter den jüngsten Leutenant gesetzt zu werden. Wo Offiziere tanzten, verstand es sich von selbst, daß alle Bürgerlichen erst hinter ihnen sich einstellen durften. Ein Freund des Verfassers machte damals als junger Mensch sein politisches Testament, in dem er sagte: „Wenn es (1806) zum Kriege kommt, unterliegt leider Preußen; sollte es siegen, so verlasse ich dies Land; denn um hier zu leben, muß man blind, taub und stumm sein."

Ein Trost war dem Mittelstande geblieben! Die Großen in Deutschland waren eben so servil. Deutsche Souveräne baten Napoleon, ihnen seine Nichten zu Frauen zu geben, ohne sich um den Skandal von Mißheirathen zu kümmern. Baden und Arensberg erhielten Verwandte von Josephinen, Salm von der Lätitia; aber ein Hohenzollern mußte mit der Nichte Mürats vorlieb nehmen!

Der Deutsche fühlte nicht mehr wie servil er war! Eine Frau, die berühmte Tochter Neckers, machte darauf aufmerksam.

Unter solchen Umständen war der Untergang Deutschlands unvermeidlich. Napoleon hatte verfügt: Das deutsche Reich hat aufgehört zu sein, und am 6. August 1806 erfolgte die Abdankung des Kaisers Franz und die Auflösung des deutschen Reiches.

— —

Deutschland erhebt sich.

> "Er will den Adel nicht annehmen, zeigt daher, daß er nicht zu den Treuen gehören will, welche sich um den Thron scharen!"
> Karl v. Mecklenburg.

Ein Gewohnheitsthier kann selbst das tägliche Joch liebgewinnen. Der Deutsche kam schwer auf den Gedanken, daß er Mensch sei und menschlich behandelt werden müsse. Der gelehrte Deutsche hatte lieber mit übermenschlichen Dingen zu thun, er war so an die alte Sklaverei gewöhnt, daß er jede Neuerung haßte. In dem ehemaligen Westfalen wurden französische Departements errichtet, das Herzogthum Berg und das Königreich Westfalen geschaffen. Die Neuerung der Civil-Stadtregister, welche Geburten, Todesfälle und Heirathen feststellen, ohne sich um die Religion zu bekümmern, wurde für eine fürchterliche Tyrannei des französischen Gewalthabers gehalten, ebenso das mündliche und öffentliche Verfahren vor Gericht*).

---

*) Es ist merkwürdig, daß während damals beinahe allgemeine Klagen über solche Neuerungen geführt wurden, der erste, der sich zu Gunsten der Geschwornen-Gerichte aussprach, ein Mitglied der hohen Aristokratie in Deutschland war. Dies war der Graf G. T. A. v. Blankensee, welcher bei seiner Promotion als Doktor beider Rechte eine historisch-politische Abhandlung über die Schwurgerichte und besonders deren Ursprung aus der ältesten Vorzeit als Dissertation in lateinischer Sprache zu Göttingen im Jahre 1812 herausgab. Ueber den gelehrten Werth dieser Arbeit hat sich der berühmte Wolf vortheilhaft ausgesprochen; wir wollen nur auf die freisinnigen Ansichten aufmerksam machen, zu welchen sich Graf Blankensee damals veranlaßt sah, als die Servilität der deutschen Gelehrten noch starr am Alten klebte. Er findet es natürlich, daß die Wohlthaten und freisinnigen Wirkungen deshalb empfunden werden, weil man des persönlichen Freiheitsgefühls gänzlich entwöhnt war. Der gelehrte Herr Verfasser gab damit zugleich den Beweis, daß er seine Landsleute besser kannte als mancher alte große Gelehrte, der das Volk nur aus seinen Büchern kannte, als die Berliner, welche stets wiederholten: wir stehen an der Spitze der Civilisation, und nicht bemerkten, daß ein Garde-Leutenant mehr galt, als ein industrieller Bürger, der Hunderte nährte. Zugleich zeigt diese Arbeit des gelehrten Grafen, daß die Zeit damals schon ihre Einwirkung begann; auch ihm genügte es nicht, reicher Graf zu sein, wozu ihn der Zufall gemacht hatte; er wollte selbst aus sich etwas machen. Hätte

Bald aber fingen die Bewohner der Rheinlande an, einzusehen, welche Wohlthat für sie die Aufhebung der früheren unzähligen verschiedenen Gesetze und Verfassungen war; selbst der Münstersche Damenklub, dessen Mitglieder 16 Ahnen haben mußten und dessen Gäste, wenigstens die Frauen, von Adel sein mußten, ließ ohne Bedenken die Frauen französischer Offiziere und Kriegskommissare zu, wenn sie auch in den Augen seiner Mitglieder nur ehemalige Marketenderinnen waren.

Dennoch muß es zur Ehre der Deutschen gesagt werden, daß sie die Fremdherrschaft nicht länger dulden wollten, ob w o h l sie Schlimmeres von ihren vaterländischen Zwingherren zu leiden gehabt hatten. Auch hatte die preußische Regierung einen neuen Weg eingeschlagen, da sie sah, daß das alte System sich nicht hatte halten können. Der Aufenthalt des Hofes in Königsberg war sehr vortheilhaft gewesen. Dort war schon früher eine größere Vermischung der gebildeten Stände gewöhnlich gewesen, so daß es nur dort möglich war, einen Befehl zu erlassen wonach auch der gemeine Soldat auf das Zeugniß seines Heldenmuthes zum Offizier hinaufsteigen könne. Von dort kam das wichtige Gesetz über die Aufhebung der Leib-

---

dies Streben allgemeine Nachahmung gefunden, so wäre das Volk mit der Aristokratie ausgesöhnt worden. Allein die Mehrzahl erkannte nicht den Fortschritt, sondern klagte über verlorene Rechte und wenn einmal ein reicher Graf ausnahmsweise die neue Bahn betrat, ward er seinen Standesgenossen mißliebig und man hat selbst später noch, wenn vom Fürsten Pückler die Rede war, oft genug mit gewisser Verachtung sagen hören: „Er giebt sich mit Schriftstellern ab!"

eigenschaft und persönlichen Unterthänigkeit und die Städte=
ordnung. Die letzte fand bald einen fruchtbaren Boden,
da die alten Aristokraten dabei kein besonderes Interesse
hatten.

Dagegen wollte es mit der Auflösung der gutsherrli=
chen und bäuerlichen Verhältnisse nicht vorwärts. In
Schlesien ward dies Gesetz nicht publicirt und als deshalb
blutiger Aufstand ausbrach, mittelte der als unparteiischer
Beobachter abgesandte General Gneisenau aus, daß die
damalige Kammer und das Oberamt durch ihre Präsiden=
ten einig geworden waren, dies Gesetz nicht auf gewöhn=
lichem Wege zur allgemeinen Kenntniß zu bringen. Als
Deckmantel ward ein unglücklicher Kanzleidirektor in
20 Thlr. Strafe genommen, weil er dies Gesetz in seinem
Pulte angeblich hatte liegen lassen, ohne es zum Vortrag
zu befördern. Man muß der Klugheit der alten Aristo=
kratie bei diesem Vorfalle alle Gerechtigkeit widerfahren
lassen; wogegen es Minister v. Stein, der alte Oberprä=
sident v. Auerswald und sein Schwiegersohn v. Schön
ehrlich meinten.

Hardenberg hatte den ersten Rückschritt damit be=
kundet, daß er den Johanniterorden dem Staate zueignete,
um ihn an den Adel zu vergeben, obwohl seit 1804 nur
vom Verdienst die Rede gewesen war. Hardenberg suchte
es mit keiner Partei zu verderben, um so mehr, da der
märkische Adel in der von Dorow bekannt gemachten „Denk=
schrift" gegen alle Eingriffe in seine Rechte protestirte.
Darum hat das sogenannte Gensdarmeriegesetz so sonder=
bare Schicksale erlitten. In diesem Gesetz ward eine voll=

ständige repräsentative Verfassung der Kreise, der Provinzen und des Staates ausgesprochen. Darin lag zugleich die Abschaffung aller Vorrechte des Adels, kurz alle Errungenschaften der neuen Zeit, und wenn auch der Preßfreiheit nicht gedacht war, so muß darauf aufmerksam gemacht werden, daß damals die Censurverhältnisse noch nicht so geregelt waren, wie dies nachher geschah, als der Polizeistaat sich unter v. Kamptz vollständig ausbildete.

Der Zeitpunkt der Ausführung dieses Gesetzes, die Gensdarmerie abgerechnet, sollte einer besondern Verordnung überlassen bleiben; darum ist dies Gesetz weniger bekannt als es wohl verdiente. Endlich erging die Kabinetsorder Friedrich Wilhelms III., nach welcher dies Gesetz ins Leben treten sollte. Da ging ein Schreck des Entsetzens durch die alte Aristokratie; aber statt zu toben und so die Aufmerksamkeit auf sich zu ziehen, suchte sie geheime Wege, indem sie von allen Seiten Schwierigkeiten der Ausführung bei den Männern, die Hardenberg arbeiten ließ, vorbrachte. Dazu gehörte damals der Geh.=Rath v. Hippel, ein sonst liberaler Mann aus der Königsberger Schule, bei dem man nur die nöthige Festigkeit des Charakters vermißte. Dieser nahm es auf sich, diese Kabinetsorder zurückzuhalten, und so verfiel das von Stein angefangene Werk der Wiedergeburt Preußens. Der Verfasser Dieses ersucht das geheime Archiv, in dem sich die Hardenbergschen Acten befinden, diese Kabinetsorder unter dem Hippel'schen Decernat aufzusuchen und dieselbe bekannt zu machen! Sie wird darthun, daß eine solche Kabinetsorder mehr werth ist, als eine Konstitution bei servilen Volksvertretern, wie wir solche gesehen haben, da wo Aristokratie oder Geistlichkeit noch die Macht in den Händen hatten!

Bald darauf trat jene große Zeit Deutschlands ein, wo jeder zu den Waffen eilte, um die fremden Eroberer zu verjagen. Ein Assessor bat den Justizminister um Erlaubniß, dem Heere sich anschließen zu dürfen. Dieser verweigerte es; da sagte der König: Erst muß der Staat gerettet sein, dann wird sich die Justiz finden! So dachten Alle. Die bisherigen Gesetze seit 1807 hatten schon so große Fortschritte gemacht, daß man an der Vollendung des großen Werkes im Innern nicht zweifelte, **wenn erst Deutschland gerettet wäre!** Man dachte nur **daran**, und wenn etwa jemand über die Zukunft sprach, so war er der Hoffnung, daß dies **neue Preußen** sich über Deutschland so weit als möglich erstrecken möge; das **alte** Preußen ward schon damals gründlich gehaßt.

In diesem neuen Preußen waren zwei Gesetze erschienen, welchen der glückliche Erfolg des Kampfes hauptsächlich zu danken ist: der Aufruf an die Freiwilligen und die Errichtung der Landwehr. Beide haben gleichwohl einander sehr geschadet. Herrliche Kräfte gingen für die Landwehr durch die Freiwilligen verloren, da die erstere gegen die Linie schon von Anfang an durch Uniform 2c. so nachtheilig gestellt war, daß viele vorzogen, als Gemeine unter den Freiwilligen zu dienen, denn Offizier bei der Landwehr zu werden. Wenigstens wurden bei dem Oberlandesgericht zu Marienwerder zwei Assessoren zu Lieutenants und einer zum Kapitän der Landwehr von dem Kreisausschusse gewählt; sie zogen vor, gemeine Freiwillige zu werden, und dem gewählten Kapitän gab der würdige Kanzler v. Weg=

n e r n, damals Präsident, den Rath, lieber Gemeiner zu bleiben, und so ging auch dieser als Freiwilliger sofort vor den Feind.

Wie die Freiwilligen von der Linie behandelt wurden, ist bekannt. Gewöhnlich wurden sie „die Bande" genannt, und von den Demüthigungen, welche sie von den Offizieren zu erfahren hatten, wäre viel zu sagen. Doch reicht hin, daß allgemein gesagt worden: die Freiwilligen waren der Armee nur eine Last, sie haben gar nichts geleistet! Jedenfalls war es eine verfehlte Maßregel, die aber der Drang der damaligen Umstände entschuldigen dürfte. Geleugnet ist aber auch von den alten Aristokraten nicht, daß die Landwehr ihre Schuldigkeit gethan, wenn sie auch sagen, daß dies ganz natürlich gewesen wäre, da sie zu Oberanführern alte, vor dem Jahr 1806 geschulte adelige Offiziere gehabt hätte!

Der Krieg hatte allerdings mehreren Bürgerlichen zur Beförderung zum Offizier verholfen und man schien die Ueberzeugung gewonnen zu haben, daß nicht blos der Adel Ehre und Muth habe. Allein bald fanden sich viele dieser Ehrenmänner zurückgesetzt oder wenigstens nicht für voll angesehen und zogen sich zurück; wozu noch das alte Anciennitätssystem kam, so daß solche Beförderungen, wie in der französischen Armee, z. B. des Advokaten Bernadotte 2c. nicht eintraten, als wenn sich gar kein militärisches Genie entwickelt hätte. Als nun aber erst der Garnisondienst wieder anfing, ging man nach Möglichkeit zum Alten zurück, die bürgerlichen Offiziere wurden in der Garde ausgemerzt, wenigstens — geadelt.

Der letzte bürgerliche Hauptmann der Garde ward

endlich zu einem Linienregiment degradirt. Sein Batal=
lonschef, Major v. Petery, ging sofort zum Regiments=
commandeur v. Quadt und beklagte sich darüber, daß man
ihm seinen besten Offizier genommen. Beide gingen zum
Befehlshaber der Garden, dem Herzog Karl von Mecklen=
burg, um dies rückgängig zu machen. Dieser antwortete:
„Ich wundere mich sehr über dies Ansinnen! Sie mußten
wissen, warum er versetzt worden!" — Erstaunt fragten sie,
was er denn verbrochen. Der Unglückliche hatte geglaubt,
als Hauptmann mehr zu sein als ein simpler Edelmann;
darum erhielten diese Biedermänner den am Eingange die=
ses Abschnittes angeführten Bescheid.

Dagegen antwortete ein deutscher Beamter, der den
Stanislausorden erhalten, bald nachdem der Kaiser von
Rußland damit den Adel verbunden hatte, auf die Frage
eines Grafen, ob er sich nunmehr auch von schreiben
würde: Ich habe schon, als ich das Auskultatorexamen
machte, geglaubt, mehr zu sein als ein bloßer Edelmann,
und nach dem zweiten Examen mehr als ein simpler
Baron!

Die heilige Alliance; die Rochow's von Gottes Gnaden.

> „Die deutschen Universitäten sind die
> Pflanzschule der Demokratie."
> Fürst Sturdza.

Nachdem Deutschland gerettet, waren die Aristokraten so klug, zuerst an sich zu denken, um wieder zu gewinnen, was sie im Sturm der gewaltigen Bewegung verloren hatten. Der Wiener Kongreß hat Deutschland um Jahrhunderte zurückgebracht. Da man sah, daß die mit Napoleon verbündeten Könige und Fürsten Deutschlands wieder zu Gnaden aufgenommen waren, so suchte wo möglich jeder in den Besitz seiner alten Rechte wieder eingesetzt zu werden. Selbst der sonst so edle Minister v. Stein wollte wieder als unmittelbarer Reichsritter auftreten, der Malteser Orden seine Güter wieder haben, und der niedere Adel trat gegen die gebildeten Bürgerlichen mit seiner Verbindung auf, die er die Adelskette nannte. Da die Fürsten keine andere Umgebung haben als die alten Aristokraten, so war ihnen leicht Angst vor ihren Völkern beizubringen.

Wo menschliche Mittel nicht ausreichen, nimmt man seine Zuflucht zu geistlichen Kunstgriffen, und aus Frömmigkeit wird Heuchelei. Kluger Weise wandte sich die alte Aristokratie an Frau v. Krüdner, nach dem alten deutschen Sprichworte: Wo der Teufel nicht hinkann, da schickt er ein altes Weib! Und so ward durch den heiligen Bund der Same der Zwietracht zwischen den Völkern und den Fürsten gesäet. Nur England hielt sich frei davon; dort ist das Zutrauen unerschüttert, denn die Krone hatte dort von jeher mehr von den Aristokraten als von den Abgeordneten der Gemeinen zu fürchten. Mit Recht sagt Thiers: Der Adel weiß stets, was er will; der Bürger aber nur, was er nicht will! — Darum ist es auch für die Aristokratie leichter, klug zu verfahren, als für den Bürgerlichen. — Mit Recht stützt sich die englische Krone mehr auf das Unterhaus. Denn die Natur des Adels treibt ihn zur Unabhängigkeit, die Bürger aber zur Vereinigung unter ein Oberhaupt.

Der König von Würtemberg hatte seine Zeit erfaßt, er meinte es ehrlich mit der Verfassung, die er in Folge der auf dem Wiener Kongreß gegebenen Versprechungen bewilligt hatte. Bald erregte er den Neid der größeren deutschen Fürsten und 1823 ward der preußische Gesandte abgerufen. Er hatte sich von dem Einflusse der Aristokraten frei gehalten. Bei den andern deutschen Fürsten fanden nur diese Gehör. So ward ganz Deutschland nach dem Muster von Preußen ein reiner Polizeistaat.

Hardenberg versuchte die alte Aristokratie populärer zu machen, indem er den Geheimerath Stägemann und Andere adelte; allein diese Männer thaten sich selbst Schaden. Vorher die Ersten der Gesellschaft, wurden sie jetzt die Letzten ihres neuen Standes; sie wurden neugebackene Edelleute genannt, und welchen Werth die Aristokratie darauf legte, zeigt eine Aeußerung von Max von Schenkendorff gegen den Verfasser dieser Zeilen, der da meinte, der Generalgouverneur Gruner werde den Adelsbrief gewiß nicht annehmen, nachdem er russischer Staatsrath und Excellenz geworden. Max von Schenken=

dorff erwiderte: „Dies ist er allerdings, aber es fehlt ihm doch etwas: er ist kein Edelmann!"

Jetzt war es zu spät mit solchen Heilmitteln. Im Jahr 1788 hatte ein Reichsgraf Burghauß in Schlesien den Vorschlag gemacht, den Adel aus den Besseren des Bürgerstandes zu rekrutiren. Er schlug vor: jeden Baron, der 10,000 Thlr. reine Einkünfte habe, zum Grafen, jeden Edelmann, der 6000 Thlr. reines Einkommen habe, zum Baron, jeden Rath, jeden höhern Beamten und jeden Kaufmann, der ein gewisses Vermögen besitze, zum Edelmann zu machen. Damals wäre es an der Zeit gewesen. Burghauß ward aber deshalb von dem niedern Adel für einen „Aristokraten" ausgeschrieen und hatte keinen Erfolg; so wie ein Wunderthäter, der zu früh, und ein Prophet, der zu spät kommt. Die Bürgerlichen aber wagten in ihrer eingebläuten Servilität gar nicht über solche hohe Adelsangelegenheiten sich ein Urtheil anzumaßen. Nur Garve macht damals darauf aufmerksam, daß diese Unterthänigkeit das bürgerliche Air hervorgebracht habe, das sich nur in Deutschland findet. Sonst adelte das vivre noblement; jetzt ward dies getadelt, weil es blos dem Geburtsadel zukäme.

Hardenberg hatte die Kabinetsorder, die, wie oben gesagt, zur Ausführung des Gensdarmeriegesetzes gegeben worden, ganz vergessen. Darnach sollten die Patrimonialgerichte und der eximirte Gerichtsstand aufgehoben werden; er führte Alles wieder in Sachsen ein, und in Posen und Westfalen so viel er nur wieder anbringen konnte. Am Rhein war vorgeschlagen worden, aus dem Landrecht alles wegzulassen, was in dieser Provinz anders gestaltet ist;

z. B. das Lehnrecht, die Unterthanenverhältnisse, das eximirte Forum ꝛc., um nur sobald als möglich eine Verschmelzung der ganzen Monarchie zu bewirken; doch statt zu dem überzugehen, was schon 1812 gesetzlich ausgesprochen war, und so die Gemüther zu beruhigen, konnte man sich nicht anders helfen, als einen Staat im Staate zu belassen, da alles preußische Wesen am Rhein gründlich verhaßt war. Am Rhein hätte ein Mann sein müssen wie Präsident von Schönermark in Posen. Er hätte es verstanden, die preußischen Mißbräuche kurz abzuschneiden, so daß die Freiheit möglich geworden wäre.

Die Untersuchungskommissionen, das von Kamptzsche: "Burschenschaft ist Burschenschaft", die Karlsbader Beschlüsse, die immer mehr beschränkende Censur konnten keinen günstigen Einfluß auf die Stimmung in Deutschland haben. Preußen war am ruhigsten, weil hier der Polizeistaat die schönsten Früchte des Servilismus gezeitigt hatte, so daß in Preußen die größten Rückschritte geschehen konnten.

Wir wollen blos auf einen Umstand aufmerksam machen. Durch das Gesetz über die Emancipation der ländlichen Bewohner von der Gutsherrlichkeit hatte die Polizeigewalt der letzteren aufgehört; an ihre Stelle sollte die Kreispolizei und die der Gemeinden oder Bezirke treten. Aber dies kam durch die Unterbrückung der obenerwähnten Kabinetsorder nicht zur Ausführung. In Schlesien hatte man durch Wahl der Kreisbehörden anfangs Polizeidistriktskommissare angestellt. Es hätte vorläufig dabei bleiben können. Aber auf einmal bewies der Minister v. Kamptz sehr gründlich im Jahre 1826, in dem 35. Heft seiner "Jahrbücher," daß, wenn auch die Gutsunterthänigkeit aufgehoben, doch der Gutsherr die Polizeiobrigkeit im Dorfe sei. Dies ward auch aufs neue wieder eingeführt, und nur bestimmt, daß der Gutsherr seine Entscheidung niederschreiben müsse, statt daß er sonst ohne weiteres zugeprügelt hatte; und so ist es gekommen, daß wieder seit jener Zeit der Gutsherr, der vielleicht ein verschuldetes erbärmliches Subjekt ist, einen in demselben Dorfe wohnenden, gebildeten, reichen Fabrikanten vor sich oder seinen durchaus abhängigen Schreiber vorladen lassen kann. Fallen dabei harte Worte, so wird der Edelmann mit 20 Thlrn. bestraft, während der anständige Mann 6 Monate Zuchthaus zu erwarten hat, da er sich gegen seine Obrigkeit vergangen hat!

Die Wiedereinführung dieser unglaublichen, aber leider thatsächlichen Ungerechtigkeit und Ungehörigkeit macht der Klugheit der alten Aristokratie im 19. Jahrhundert alle Ehre, aber ewige Schande der damals herrschenden Servilität in Preußen! Es hat sich in jener Zeit keine einzige Stimme dagegen amtlich erhoben. Die Gelehrten haben viel geklügelt über Theorien von überschwänglichen Rechtsbegriffen, aber an die Menschenrechte hat Niemand gedacht. Man sieht zugleich daraus, daß die Landesjustizkollegien im Jahr 1826 nicht besser waren als 1804. Die Meisten dieser Beamten werden einwenden: „Wir sind dazu da, um nach den bestehenden Gesetzen Recht zu sprechen, uns steht keine Einwirkung auf die Gesetzgebung zu."

Sie haben Recht! Aber eben weil der Bürokrat nicht weiter sehen wollte, ist er dem allgemeinen Hasse verfallen. Der Beamte war zum Augendiener herabgesunken und dennoch von der Aristokratie gehaßt und verachtet, verachtet besonders vom Adel im Militär, gehaßt aber, weil es mitunter zweifelhaft werden könnte, wer den Vorrang habe: der bürgerliche Rath oder der adelige Assessor. Doch in der Gesellschaft ging die Gräfin=Assessorin der bürgerlichen Räthin vor; oder vielmehr, die Erstere gab sich mit solchem „Geschmeiß" gar nicht ab. Dies war die gewöhnliche Bezeichnung für solche gemischte Gesellschaft. Schon war es so weit gekommen, daß alle Beamten, weil sie studirt hatten, für arge Demokraten gehalten wurden. Da ward der alte märkische Edelmann v. Rochow Minister, um den Staat vor der Bürokratie zu retten. Friedrich der Große hatte nie einen Rochow zum Minister, und nicht einmal gern zum General machen wollen, weil diese Familie behauptete, Ansprüche auf die Mark zu haben; auch hatte der Verfasser des Rochow'schen Kinderfreundes an den Eingang seines Parkes folgende Inschrift setzen lassen: „Als diese Eichen noch Eicheln waren, waren die v. Rochow Herren dieses Landes." Dennoch fraternisirte jener alte Freiherr auf einmal bei dem Beginn der französischen ersten Revolution auf der Bierbank mit den Bürgern zu Brandenburg, bis er endlich mit der Sprache herausrückte, daß er einen Jakobinerklub stiften wollte. Da sagten die Bürger ihm die Freundschaft auf; sie wollten ihrem Könige treu bleiben.

Ob der letzte Minister v. Rochow die Bürotratie beschränkt oder verbessert hat, zeigte bald der Erfolg. Er hatte von der Aristokratie nicht einmal die Klugheit geerbt, sich eine Partei zu gewinnen. Er, als Rochow von Gottes Gnaden, war seiner Sache so gewiß, daß er einst an der Tafel des Fürsten Sulkowski zu Reisen sagte: „Herr Guizot ist erst vom Profeſſor Miniſter geworden, dann wieder Profeſſor und jetzt iſt er wieder Miniſter. Gott ſei Dank! bei uns wird es ſo weit nicht kommen!"

Rochow, Einer von denjenigen, welche die gegen= wärtigen Zuſtände herbeigeführt haben, hat zu dem Schrei= ber dieſer Zeilen geäußert, „man müſſe zwar nicht dem Zeitgeiſt, aber dem Zeitbedürfniß nachgeben;" — ein Grundſatz, den er nicht befolgte. —

Metternich, das preußiſche Vorbild. Die preußiſche Armee als Verſorgungsanſtalt für den armen Adel.

> „Treibt das Handwerk nur fort, wir kön=
> nen's Euch freilich nicht legen;
> Aber ruhig, das glaubt, treibt Ihr es künf=
> tig nicht mehr!"
> Schillers Xenien.

Schon Napoleon fragte Metternich: Wie viel hat Ihnen Rußland bezahlt? — Aecht ariſtokratiſch hat ihn ein Gleichgeſinnter damit vertheidigt, daß der Fürſt zu adelig geweſen, um ſich beſtechen zu laſſen. Darauf kann man nur erwidern, daß die Statiſtik den Adel allerdings numeriſch ſchützt, denn in Oeſterreich kommt auf 200 Bür= gerliche nur ein Edelmann; daher es auch weniger Adelige giebt, die ſich beſtechen laſſen. Aber eben ſo viel iſt ge= wiß, daß unter 200 Leuten, die ſich beſtechen laſſen, einer von Adel iſt. In Preußen iſt der dreizehnte Menſch ein Edelmann. Wenn daher auch hier ſich ſo viele Leute be=

stechen lassen, wie in Oesterreich, so ist gewiß unter 13 Bestochenen ein Edelmann, wobei aber zu berücksichtigen, daß Armuth die Quelle der meisten Verbrechen ist. Infelix paupertas, qui ridiculos homines facit!

Metternich hat trotzdem beinah ein Menschenalter hindurch in dem Rufe des größten Diplomaten nach Talleyrand gestanden. Man hat es so lange gesagt, bis man es geglaubt hat. An ihren Früchten sollt ihr sie erkennen! Der Verfasser hat schon vor 10 Jahren öffentlich erklärt, daß er sich Beweise über diese diplomatische Potenz erbitten müsse, denn daß die preußischen auswärtigen Minister sich von Metternich ins Schlepptau nehmen ließen, beweise ihm nichts. Seit mehr als 20 Jahren hat der Erfolg überall die Metternich'sche Politik Lügen gestraft. Metternich wollte kein freies Griechenland; er hat es angefeindet, so viel er konnte. Griechenland besteht. Er hat Dom Miguel halten wollen; Dom Miguel ist weggejagt worden. Er konnte sich von Don Carlos nicht trennen; auch dieser ist weggejagt. Er wollte die Legitimität der älteren Bourbonen aufrecht erhalten; sie sind weggejagt. Er wollte von der Unabhängigkeit Belgiens nichts wissen; Belgien steht unabhängig und blühend da! Er wollte keine liberale Konstitution in Deutschland; er hat durch den Widerstreit Oesterreichs mit den liberalen Verfassungsländern in Deutschland, das Unheil und den Fluch unserer Zerrissenheit verewigt!

Die härteste Strafe für Metternich ist, daß er die Folgen seines Werkes hat erleben müssen. Auch dem v. Rochow wäre zur Strafe noch ein paar Jahre längeres Leben zu gönnen gewesen. Doch hat ihm die Aristokratie etwas nie verziehen. Bei der Huldigung zu Königsberg ward ein Gutsbesitzer=Adel verliehen. Männer, die adelige Güter besaßen, wurden nämlich geadelt mit der Bestimmung, daß der älteste Sohn den Adel behalten sollte, so lange das Gut in den Händen der Familie bliebe. Alle unbefangenen Edelleute fanden darin einen bedeutenden Fortschritt, indem an die Stelle des bloßen Namens= adels nach und nach ein Besitzadel treten sollte; und bald würde es dahin gekommen sein, daß der Herr von Wallen= dorff vor dem Herrn v. Habenichts den Vorzug gehabt hätte. Der kluge Herzog Emil von Holstein in Leipzig machte den Verfasser damals darauf aufmerksam, daß der deutsche Adel darüber sehr aufgebracht sei, indem dadurch der arme Adel zum leeren Namen herabgesetzt werden würde. Und in der That, bei der Huldigung zu Berlin, vier Wochen darauf, ward diese Maßregel wieder beseitigt und nach Art der alten Huldigungen wurden einige Präsi= denten ꝛc. geadelt, wodurch der Grundsatz der alten Aristo= kratie sanktionirt ward: Er hat sich zwar so weit empor= geschwungen, allein ihm fehlt etwas: er ist kein Edel= mann. — Ein solches Monument hat sich v. Rochow gesetzt!

Zum Glück hatten die Minister in Oesterreich und Preußen nur ein Abendgebet, nämlich: Wir danken Dir Gott, daß wir nicht sind wie andere Leute, als da sind die französischen und andere konstitutionellen Minister, welche Rechenschaft geben müssen von jedem Worte, nicht blos dem Fürsten, sondern auch dem Volke! Damit legten sie sich auf die andere Seite und schliefen ruhig ein. Viele schlaflose Nächte hatten den Ministern die Provinzialver=

fassungen in Preußen nicht gemacht, weil dafür gesorgt war, daß nichts Unangenehmes vorkommen konnte. Diese Verfassungen waren so aristokratisch, wie kaum die venezianische. Die bei weitem größere Hälfte der Abgeordneten waren Edelleute, und die Abgeordneten der Städte und Dörfer mußten entweder wirkliche Bauern sein oder ein städtisches Gewerbe treiben, damit die Intelligenz ausgeschlossen sei. Alles war auf ein chinesisches Kastenwesen basirt.

Unter diesen Umständen war der Zustand in Deutschland, besonders in Preußen, ein höchst unbehaglicher; die alten Aristokraten wußten daraus trefflich Vortheil zu ziehen. Die Hofämter waren natürlich in ihren Händen; denn wie konnte ein anderer Mensch als ein hochadeliger sich in blauem Rock, rothem Kragen und Knöpfen mit dem königlichen Namenszug den Allerhöchsten Personen nahen? Die besten Aemter in der Verwaltung erhielt der Adel, und der Offizierstand war ihm gewissermaßen ausschließlich vorbehalten. Wenn auch das Gesetz Jedem, der das Examen besteht, die Aussicht eröffnet, Offizier werden zu können, so halten es doch viele Regimenter für eine große Ehre, eine „fleckenlose" Rangliste zu haben, wie z. B. die Garde, das Kürassirregiment zu Breslau u. s. w. Ja sogar ein geadelter Artillerieinspektor suchte dahin zu wirken, nur adelige Offiziere zu haben. Auf diese Weise wurden die Fähigsten abgeschreckt, sich aus Neigung, nicht aus Noth dem Militärstande zu widmen.

Die Landwehr hatte aufgehört, ein volksthümliches Institut zu sein. Sonst war ein Bataillonskommandant stolz darauf, auch im Paradcmarsch dasselbe mit Landwehr= offizieren zu leisten, was die Linie vermag. Dies gefiel nicht; man hätte ja auf den Einfall kommen können, es ginge ohne das Junkerthum! Es wurden Linienoffiziere zur Landwehr kommandirt; besonders wurden die Kompagnien an Linienoffiziere übergeben, um ihnen eine Zulage zu verschaffen. Da mußte wohl die Neigung zum Landwehrdienst erschlaffen, und der Kaufherr zog vor, lieber als Gemeiner zu dienen, denn als Leutenant unter dem von der Linie herüberkommandirten adeligen Offiziere zu stehen, der Gutsbesitzer sah lieber seinen Amtmann als Landwehroffizier, da er doch keine Freude daran haben konnte. So ist es gekommen, daß der Landwehr die besten Kräfte entgingen. Zwar sind noch recht tüchtige junge Leute, besonders Subalternbeamte unter den Landwehroffizieren, aber da die Kapitänsstellen gewöhnlich an Offiziere gegeben werden, welche aus der Linie ausgeschieden sind, so hat sich die Neigung zur Landwehr gerade bei den Leuten verloren, die am meisten auf sie wirken könnten. Wenn z. B. ein reicher Fabrikherr, ein reicher Gutsbesitzer Hauptmann einer Kompagnie ist, die ihn persönlich auch außer dem Dienst achtet, so wird er natürlich mehr Einfluß haben als ein ihnen unbekannter, noch so braver junger Mensch oder ein Linienoffizier, der sein Unterkommen in dieser Versorgungsanstalt für den armen Adel gesucht hat.

So gut nämlich die preußische Armee ist, so ist sie doch mit ihren Kadettenhäusern, wie gesagt, nur eine Versorgungsanstalt für den armen Adel, und durchaus nicht volksthümlich. Wer sich vom Waffendienst durchlügen kann, thut es wo möglich. Reiche Leute finden, wenn sie nicht von Adel sind, zu wenig Aufmunterung in der Linie und zu viel Zurücksetzung in der Landwehr. Denn noch immer „riecht" es der Linie nach Landwehr, deren saubere Kameradschaft sie gern vermeidet, weil doch darunter Kaufleute und Schreiber sind, wie man sie nennt. Leutenant ist nichts als ein Grad über dem Feldwebel; ein Leutenant ist also kein großer Herr! Diese Wahrheit hat man in Preußen noch heute nicht eingesehen!

Deutschland hofft vergeblich auf Preußen.

> „Man kann über eine Partei und über die Grundsätze, welche sie befolgt, nicht eher urtheilen, bis sie die Oberhand hat."
> Frau v. Staël.

Der Untergang des deutschen Reiches in Folge des Friedens zu Preßburg mußte jedes deutsche Herz empören, da es dem Deutschen wahrlich an Tapferkeit nicht fehlte, und ihn nur die Erbärmlichkeit seiner Staatsmänner und sein Adel verschuldet hatte, welcher, obwohl ein leerer Name, doch die höchsten Ansprüche machte und zur Leitung aller öffentlichen Angelegenheiten berufen war.

Noch rechnete man auf Preußen, sein Heer zehrte noch am Ruhme Friedrichs des Großen und die Rechtlichkeit seiner Beamten hatte Ordnung im Staatshaushalt erhalten, allein das Unglück einer verlorenen Schlacht und die

Niederträchtigkeit der meisten Festungskommandanten vernichteten auch diese Hoffnung. Nun aber betrat Preußen eine neue Bahn und brach mit der alten Zeit, welche es soweit hatte sinken lassen.

Die oben angedeuteten liberalen Gesetze waren der elektrische Funke, der in ganz Deutschland zündete. Man ahndete die Möglichkeit, daß Deutschland durch Preußen wieder aufstehen könne. Ueberall entstanden geheime Verbindungen zu Gunsten einer von Preußen erwarteten Schilderhebung gegen Napoleon. Man verlangte erst nur die Befreiung vom fremden Joche und haßte selbst das Gute, das in seinem Gefolge gekommen war.

Darum fanden die verbündeten Heere überall Alle zum Aufstand gegen den gemeinschaftlichen Feind bereit, selbst wenn ihre Fürsten durch Verwandtschaft oder Vortheil an Napoleon gefesselt waren. Das Lützow'sche Freicorps sollte die Bestimmung haben, die streitbare Mannschaft aus allen Theilen von Deutschland aufzunehmen und war bestimmt, mehr ein deutsches, als ein preußisches Corps zu sein; wodurch am besten ein Aufgehen Deutschlands in Preußen oder umgekehrt erreicht worden wäre. Allein dies Corps ward nicht demgemäß zusammengesetzt und behandelt, so daß es sich nicht frei entwickeln konnte; die alten Offiziere waren dagegen, da manches gegen das alte Herkommen verstieß. Ein junger Beamter hatte 80 Mann Freiwillige angeworben und zum Theil auf seine Kosten ausgerüstet und brachte sie nach Berlin, um vor den Feind geschickt zu werden; da fuhr ihn der Kommandant, General v. Branokisch hart an mit den Worten: „Was soll ich mit Ihnen anfangen, Offizier sind nicht und auch nicht Gemeiner, da Sie 80 Mann befehligen; das hätten Sie einem Offizier überlassen sollen!" Dennoch hat dies kleine Lützow'sche Corps die Ehre den Marschall Davoust bei Lauenburg 3 Tage lang aufgehalten zu haben, welcher das ganze Corps von Bernadotte gegen sich zu haben glaubte. Napoleon hatte ihm befohlen, unverweilt auf Berlin zu marschiren, und ohne dieses Halten von Lauenburg wäre wirklich Davoust am 23. August bei Groß-Beeren mit dem anderen französischen Armeecorps zusammengetroffen und Berlin war verloren. Darum sagte auch Davoust zu einem bei dem Abzuge von Lauenburg gefangenen Offizier dieses Corps: „Wissen Sie auch, daß ich Sie werde todtschießen lassen! wir lieben es wohl, uns mit regelmäßigen Soldaten zu schlagen, aber mit solchen Studenten und Fanfarons aus allen Theilen von Deutschland sich zu schlagen, macht keine Ehre." Der Gefangene entgegnete darauf: „Wenn das Todtschießen der Gefangenen jetzt Kriegsmanier ist, werden wohl auch die 10 französischen Generale todtgeschossen werden, welche sich in russischer Gefangenschaft befinden." Ruhiger fuhr dann der Marschall fort, über das bestandene Gefecht sich auszulassen, so daß zu entnehmen war, er habe hinter dem lebhaften Tirailleurfeuer der Lützow'schen und tyroler Jäger eine große Armee vermuthet. Schon zu Ende des Feldzugs konnte man abnehmen, daß die deutsche Tendenz des Lützow'schen Corps den anderen stockpreußischen Militärs eben nicht sehr genehm war; denn Patrioten, die für diese Freischaaren auf ihre Kosten ganze Kompagnien ausgerüstet hatten, wurden mit keinem Orden bedacht, während

43

Aehnliches bei andern Truppentheilen die glänzendste An=
erkennung gefunden haben würde. (S. Schlüssers Ge=
schichte des Lützow'schen Freicorps.)

Deutschland erwartete, daß, nachdem Napoleon über
den Rhein geworfen worden, Preußen an die Stelle des=
selben als Protector des Rheinbundes treten würde, wenn
nicht alle seine Verbündete wie der König von Sachsen
feindlich behandelt werden konnten. Jeder hatte ein sol=
ches Aufgehen Deutschlands in Preußen erwartet;
die deutschen Fürsten konnten selbst nichts anderes erwar=
ten und die deutschen Völker würden in Preußen gern
ihrem Erretter gehorcht haben. Hier hätte die Freund=
schaft Alexanders sich bemühen können, hier hätte Har=
denberg zeigen können, daß er mehr vermocht, als Met=
ternich. Allein die Verhandlungen von Frankfurt vor
dem Rheinübergange am 1. Januar 1814 waren das
Kapua für das tapfere preußische Heer und die halbe
Maßregel gegen Sachsen erbitterte nur um so mehr, da
man den Kurfürsten von Hessen, der seine Unterthanen
nach Amerika verkauft hatte, mit seinem Zopfe wieder in
Kassel einziehen ließ.

Das Beispiel der Restauration in Frankreich wirkte
sichtbar auf die Gewalthaber in Deutschland, und auf dem
Wiener Kongreß suchte Jeder, nachdem die Furcht vor
Napoleon beseitigt war, zu retten, was er von der guten
alten Zeit retten konnte, womöglich aber auch die Früchte
der Neuzeit zu genießen.

Waren die Hoffnungen der Deutschen auf Preußen
schon in Frankfurt sehr herabgestimmt worden so noch
mehr durch den Wiener Kongreß. Wenn einmal Preußen

die Stelle einer Großmacht übernommen hatte, so mußte es, meinte man, nicht zugeben, daß Rußland gegen Westen immer mehr Terrain gewann, noch weniger durfte es zugeben, daß das besiegte Frankreich sich in die Verhandlungen dieses Kongresses einmischte. Ohnerachtet der getäuschten Erwartung in Ansehung der deutschen Einheit, zeigte dennoch dieselbe deutsche Tapferkeit durch die zweite Einnahme von Paris, daß der Deutsche fremdes Joch nicht ertragen möge, und so war wenigstens die Schmach der tiefsten Erniedrigung, wohin uns die frühere Verfassung gebracht hatte, ausgetilgt. Das Zutrauen aber zu Preußen, von dem man die Einheit Deutschlands erwartet hatte, war verschwunden. Statt der früheren 300 Herren hatte man — was freilich nur Napoleon zu danken war — etliche 30 behalten, obwohl man an dem Fürsten von Isenburg zeigte, was man auch mit den anderen hätte thun können. Der Rheinbund hatte doch ein Oberhaupt; für ein Oberhaupt konnte aber die Mißgeburt des Wiener Kongresses nicht gelten, die der Bundestag genannt ward. Deutschland sah sich jeder Einheit beraubt, im Gegentheil fremde Gesandte am Bundestage zugelassen, welche Gelegenheit hatten, stets Zwietracht anzufachen, wenn einmal Einigung zu fürchten gewesen wäre.

Was nun die Freiheit der Deutschen betraf, so hatte allerdings die Bundesakte die Aussicht auf Volksvertretung in den verschiedenen Bundesstaaten eröffnet. Allein die Erfahrung trübte sehr bald die darauf gegründeten Hoffnungen. Die Grundrechte, welche unter den fremden Unterdrückern bestanden hatten, ja welche mitunter erst von ihnen, als bei uns unbekannt, eingeführt worden waren, wurden in manchen deutschen Ländern beschränkt; was besonders in Hessen große Beschwerden veranlaßte. Doch man hoffte auf Preußen, dort hatte die Gesetzgebung seit 1807 eine neue Bahn eingeschlagen. Allein bald verließen Hardenberg und seine Nachfolger den Weg des Fortschrittes, und der Minister v. Kampz nannte selbst die damalige Gesetzgebung eine sporadische, von der wieder hätte eingelenkt werden müssen. Wir lassen dahin gestellt sein, ob er nicht über diese Aeußerung wegen frechen, unehrerbietigen Tadels der im Staat bestehenden Einrichtungen hätte zur Untersuchung gezogen werden müssen, und machen nur darauf aufmerksam, daß besonders damals die noch gehegte Hoffnung auf Preußen ganz verschwand, als man in Niedersachsen u. s. w. die alten Patrimonialgerichte und die gutsherrlichen Rechte wieder einführen sah.

Nun fing man an zu fragen: wozu die ungeheuren Anstrengungen gemacht worden seien, wenn man solche Rückschritte thue? und bemerkte, daß die Begeisterung von 1813 schlecht belohnt würde. Da erbitterte die servile Feder von Schmalz ganz Deutschland, welche jeden Enthusiasmus wegläugnete und den Einfluß der liberalen preußischen Gesetze bestritt; es wäre nichts als der blinde Gehorsam der Preußen gewesen, die auf den Ruf der Trommel, wie zum Feuerlöschen, so gegen die Franzosen marschirt wären. Eine solche Beleidigung war zu groß, um nicht mehrere Gegenschriften hervorzurufen, von denen die von Koppe in Aachen am kräftigsten die deutsche Ehre vertheidigte. Ein ungenannter Satyriker aber schrieb damals schon eine Verfassung, wie sie das deutsche, besonders das preußische Junkerthum verlangte. (Keine Volks=

repräsentation mit Bezug auf die wohlerworbenen Rechte des Adels, Germanien 1816.) Die Universitäten nahmen natürlich Theil an diesem Streite, und die ungeschickten Maßregeln gegen dieselben, besonders aber die Einmischung Rußlands durch Sturdza und Kotzebue verleiteten auf der anderen Seite zu Uebergriffen, so daß das Verbrechen Sands eine erwünschte Gelegenheit darbot, zu allgemeinen Zwangsmaßregeln zu schreiten.

Bisher hatte man stets geglaubt, Preußen sei das Land der Intelligenz, wenigstens war dies von Preußen uns so oft wiederholt worden, daß es um so mehr auffallen mußte, wie Preußen bei diesen Gewaltmaßregeln am thätigsten war, wenn man auch wohl bemerkte, daß es sich im Schlepptau von Metternich befand. Als aber zu Anfang der zwanziger Jahre die preußische Provinzialverfassung bekannt gemacht ward, da überzeugte sich Deutschland, daß die Regierung ganz in den Händen der Junkerpartei war, und daß diese die gemachten Rückschritte zu ihrem Vortheil ausbeute. Von ihr war damals die Anfeindung des Königs von Würtemberg hervorgegangen, welcher den konstitutionellen Weg zuerst in Deutschland ehrlich eingeschlagen hatte. Zu einer solchen Junkerpartei konnte aber Deutschland unmöglich Zutrauen haben.

Dennoch war durch die preußischen Provinzialstände ein Organ geschaffen, durch welches öffentliche Gegenstände zur Sprache gebracht werden konnten. Es gründete daher ein gewisser Reaube im Jahre 1830 Jahrbücher für Provinzialstände, worin dergleichen Gegenstände vorher besprochen werden konnten. Allein die Preußen zeigten so wenig Theilnahme am öffentlichen Leben, daß der Verfasſer dies Unternehmen aufgab, weil er vergeblich nach dem erſten Jahre dringend um Beiträge gebeten hatte, daher er mit dem zweiten Jahre bekannt machte, daß, obwohl Ab= nehmer genug wären, er doch nicht alles allein ſchreiben wolle; daß man ihm nichts einſchicke, ſei ein Beweis, daß man von dieſen Junkerparlamenten nichts erwarte. Auch haben ſie in den 20 Jahren ihres Beſtehens bekanntermaßen durchaus nichts geleiſtet. (S. Wuttke, die ſchleſiſchen Stände, 1847.)

In dieſe troſtloſe Zeit des gehemmten Fortſchrittes und des beförderten Rückſchrittes fiel wie eine Bombe die Julirevolution, welche der Reſtauration in Frankreich ein Ende mit Schrecken machte. Doch für manche Menſchen ſpricht die Erfahrung vergeblich. Metternich hatte im Frieden eine Million nach der andern geborgt, und in Preußen machten ebenfalls die Schulden Fortſchritte, wo= gegen für aufmerkſame Beobachter die Rückſchritte täglich bedeutender wurden. Wenn man die Berliner darauf auf= merkſam machte, ſagten ſie ſtolz: „Wie iſt das möglich? wir ſtehen auf der Spitze der Civiliſation," und ſie merk= ten nicht, daß z. B., als der Miniſter Mühler nach und nach die Gutsherrn dazu brachte, daß ſie ihre Patrimo= nialgerichtsbarkeit aufgaben, dies auf einmal verboten ward, weil die Junkerpartei darin ein gefährliches Nivel= liren bemerkte, und meinte, es dürfe dies herrliche patriar= chaliſche Verhältniß nicht geſtört werden.

In dieſer Zeit war es natürlich nicht möglich, derglei= chen Beweiſe des Rückſchrittes öffentlich zu beſprechen; es mußte ſich daher die Wahrheit hinter die Maske der Sa= tyre verſtecken. Es erſchien daher ein Gemälde des preußi=

schen Junkerthums in der Satyre Ansichten aus der „Cavalier Perspective," Leipzig 1835, welchem der „Cavalier auf Reisen" und „Tutulassos Wanderungen" 1840 folgten. Dagegen trat die Junkerpartei in Westphalen, wo man, wie am Rhein, die alten autonomischen Rechte wieder hervorsuchen durfte, öffentlich durch den Freiherrn von Haxthausen mit ihren Anmaßungen in dem Werke auf: „Ueber die Grundlagen unserer Verfassung," worüber er zur Untersuchung gezogen ward, welche indeß niedergeschlagen ward; doch sind diese aristokratischen Umtriebe in den „Worten eines Gläubigen aus Deutschland," Leipzig 1835, bekannt gemacht worden. Daß aber solche Umtriebe in Preußen stattfinden konnten, mußte das Zutrauen der Deutschen zu Preußen natürlich immer mehr schwächen. Endlich erlitt die preußische Verwaltung eine Niederlage im Kampfe gegen die Anmaßungen der Bischöfe, worüber ebenfalls eine Satyre unter dem Titel: „Die Erzbischöfe von Köln und Posen," Leipzig 1838 erschien.

Wenn es in dieser Zeit nicht an Gründen fehlte, warum das übrige Deutschland eben kein besonderes Zutrauen zu den preußischen Ministern haben konnte, so werden wir bald sehen, ob das preußische Volk oder wenigstens dessen Vertreter ein solches Zutrauen sich in der Folge zu erwerben gewußt haben.

Wie bisher für die Deutschen im Auslande gesorgt wurde.

> „Rittertreue hat nie lange Dauer gehabt, nicht blos in der Liebe, sondern auch für den Staat, nie aber hat Rittertreue Volkstreue zu ersetzen vermocht."
>
> Dönniger.

Kommt ein russischer Gelehrter oder Künstler im Auslande an einen Ort, wo sich ein russischer Gesandter befindet, so hält es der letztere für seine Pflicht, denselben überall bekannt zu machen, einzuführen, und ist stolz darauf, daß er einen bedeutenden Landsmann vorstellen kann. Daher auch sieht man überall Russen, Belgier, Franzosen, besonders aber Engländer, welche ihrem Lande Ehre machen. Auch die deutschen Gesandten stellen sehr gern ihre Landsleute vor, fahren mit ihnen selbst sehr gefällig überall herum und sind stolz darauf, Pracht-Exemplare ihres Landes bekannt zu machen. Aber freilich gehört dazu, daß der Empfohlene der Aristokratie angehöre, zu der natürlich bisher stets die deutschen Gesandten gehörten, wenn sie auch selbst von ihrem Gesandten-Gehalt lebten; diejenigen Gesandten, welche als grands seigneurs von ihrem eignen Vermögen lebten, waren gewöhnlich humaner, da überall zum guten Ton gehört, sich mit recht viel interessanten Menschen zu umgeben. Unter dem großen Haufen der Diplomaten fängt aber der Mensch erst bei dem Baron an, was darunter ist, ist eigentlich nicht geboren. Da nun aber nicht alle Barone ausgezeichnete Menschen, auch manche simple Herren von nicht große Geister sind, hat man im Auslande oft die Frage gehört: Wie kommt es denn, daß es in Deutschland so wenig ausgezeichnete Menschen giebt? Man weiß wohl, daß es einen Humboldt, einen Rauch, einen Mittermaier giebt; allein das ist doch wenig auf die Menge deutscher Edelleute, die man im Auslande kennen lernt, welche nichts anderes sind, haben und können, als sich v o n zu schreiben.

Wenn auch Schweden nur einen Berzelius von europäischem Ruf hatte, so sah man doch überall viele Schweden, Spanier ꝛc., die sich in ihrem Lande ausgezeichnet hatten: nur unter den präsentirten präsentablen Deutschen waren wenige, von welchen der Gesandte sagen konnte: das hat dieser, das hat jener geleistet. Oft wurden Deutsche im Auslande darüber befragt, wenn ein bekannter Mann dort erschien: „Warum stellt ihn der Gesandte nicht vor? wir wissen, daß er seinem Vaterlande Ehre macht; es muß doch etwas gegen ihn sein." Wenn man antwortete: „er ist kein Edelmann!" so würde man den Sinn dieser Worte nicht verstanden haben, da man von unserm Kastengeiste keine Idee hat. Daher mag es auch kommen, daß in der französischen Nationalversammlung auf den Vorwurf, daß in Deutschland weniger Unglücksfälle auf den Eisenbahnen vorkämen, erwidert wurde: dem Franzosen sei dies zu verzeihen, da er mehr mit Denken beschäftigt sei, als der dumme Deutsche!

Unzählige Fälle könnte man anführen, um dies zu beweisen; doch wollen wir nur ein Paar mit unseren bedeutendsten Romantikern erwähnen, welche im vorigen Winter im Auslande waren. Sie trafen zufällig mit einem Baron zusammen; dieser machte mit dem einen dem preußischen Gesandten, einen Besuch. Der Baron ward am andern Tage eingeladen, der bekannte Schriftsteller nicht; dasselbe geschah ein Paar Tage darauf mit dem anderen bei dem Gesandten in R.....

Uebrigens glauben die deutschen Gesandten, sehr viel damit gethan zu haben, wenn sie einmal einen deutschen Gelehrten zum Essen einladen, was ihn nur um seine kostbare Zeit bringt, wenn es nicht geschieht, um ihn mit den bedeutendsten Männern des betreffenden Ortes bekannt zu machen. Dagegen ist für den Reisenden das Wichtigste, daß er in die Gesellschaft eingeführt wird, wo er die Menschen kennen lernen kann; denn in jedem Lande, wo noch so viel Sehenswerthes ist, ist doch der Mensch das Wichtigste.

Mitunter machte die österreichische Regierung eine Ausnahme bei der Wahl ihrer Vertreter im Auslande; besonders dürfen wir auf den Gesandten in Athen, den gelehrten Profesch aufmerksam machen. Bei dem dortigen neuen Staate, der gegen die Metternich'sche Politik auf dem Kongresse zu Verona durch die englisch-französische Politik im Orient auf Vorposten gegen Rußland gestellt war, leuchtete die Nothwendigkeit eines ausgezeichneten Diplomaten ein. Daß er durch sein Verdienst das Prädikat: von Osten erwarb, erleichterte seine jetzige Mission nach Berlin, seit dort die Politik nicht mehr von Metternich geleitet wird.

Ueberhaupt hat im Orient das österreichische Kabinet verstanden, die nationalen Interessen seiner Staatsbürger wahrzunehmen, wodurch beinah der ganze Handel in den Donaufürstenthümern in österreichische Hände zum Nachtheil der übrigen deutschen Nation gekommen ist. Beinah alle dortigen Kaufleute sind Sachsen aus Siebenbürgen oder Juden aus Galizien oder Armenier aus Ungarn oder Walachen aus der Bukovina oder endlich Serben aus dem Banat oder Slavonien. Diese haben natürlich mehr Leichtigkeit, ihre Waaren aus den österreichischen Fabrik-Gegenden, denn Transito aus den der Zollvereins-Staaten zu beziehen. Die Zahl der dortigen deutschen Kaufleute aus den andern deutschen Zollvereins-Staaten ist unbedeutend, meistens aus armen Juden bestehend, welche durchaus keine Konkurrenz mit den dortigen österreichischen Kaufleuten aushalten können, zu deren Schutz Oesterreich großen Aufwand macht. Die dortigen Consuln dieser Macht sind nämlich sehr gut bezahlt, haben ein ausgewähltes Personal und jedem werden 8 bis 12 ausgezeichnete Unteroffiziere als bewaffnete Macht beigegeben, welche zugleich als Bureau-Arbeiter und als Erekutoren dienen. Da die österreichische Regierung sehr wohl einsieht, daß dort die wahre Schule der Diplomatie ist, sendet sie junge angehende Diplomaten lieber dorthin, damit sie unter den feinen Phanarioten die mannigfaltigste Sprachfertigkeit lernen, als an große Höfe, wo sie lediglich das Gefolge eines müßigen Gesandten zu vermehren hätten.

Der deutsche Handelsstand machte auf die Anstellung von Consuln auf Zeit die nicht-österreichischen Deutschen aufmerksam, und wurde auch wirklich in Bukarest ein sächsischer Consul angestellt, allein ohne Gehalt, mithin in jenem Lande, wo nur das Gold Werth hat, ohne Ansehen; dabei war er ein Grieche, der nicht einmal die deutsche Sprache verstand, obwohl gerade die dortigen Kaufleute, wie gesagt, meist Oesterreicher, die Waaren, welche ihr

Vaterland nicht lieferte, auf der Leipziger Messe kauften. Da nun die Hauptaufgabe für einen Consul aus den Zoll= vereins=Staaten darin besteht, den Verkäufern in Deutsch= land zu ihren Forderungen in den Donaufürstenthümern zu verhelfen, konnte ein solcher Consul, der nicht darauf hinzuwirken verstand, nichts nützen. Die meisten der dorti= gen Schuldner der deutschen Kaufleute aber sind österrei= chische Unterthanen und können nur bei ihren Consuln verklagt werden. Diese aber waren eben dadurch im Stande, ihren Landsleuten, zum Nachtheil der übrigen Deutschen, den wirksamsten Schutz angedeihen zu lassen.

An und für sich selbst ist nämlich die österreichische Prozeß=Ordnung ohnehin bekanntlich schleppend genug und die Exekution wenig gesichert. Um aber noch weniger ge= gen ihre Landsleute einschreiten zu dürfen und nicht in den Fall zu kommen, gegen einen derselben ein nachtheiliges Urtheil fällen zu dürfen, fand man das kluge Auskunfts= mittel, daß die Parteien sich Schiedsrichter wählen müssen; dies hatte die Folge, daß diese entweder bestochen wurden und ein den Abwesenden nachtheiliges Urtheil abgaben, oder lieber gar nicht zusammen traten. Wenigstens ist sehr selten ein Beispiel vorgekommen, daß ein dortiger Prozeß durch Schiedsrichter oder sogenannte Kommissarien auf eine gerechte und schnelle Weise entschieden worden ist. Hier= durch war der deutsche Gläubiger stets gefährdet und der deutsche Handel konnte nach den Donaufürstenthümern kei= neswegs so schwunghaft betrieben werden, als sonst die Natur der Verhältnisse es mit sich gebracht hätte.

Zwar schickte die preußische Regierung endlich einen General=Consul nach Jassy, allein ebenfalls ohne Gehalt und ohne andere Instruktion, als daß er sich in keine politischen Angelegenheiten zu mischen habe, welches den andern Consulaten bekannt gemacht, sofort zeigte, daß Preußen dort nicht als Großmacht auftrat. Danach betrat dieser Consul, der Geheimerath Neigebaur, den einzigen möglichen Weg, den deutschen Handel daselbst zu fördern, indem er den deutschen Gläubigern zu ihren dortigen Forderungen zu verhelfen suchte. Allein dadurch kam er natürlich mit den österreichischen Consulaten in Collision und konnte bei seinem ganz von Oesterreich abhängenden Ministerium nichts durchsetzen. Dies versuchte es hierauf mit einem Spekulanten, um den deutschen Handel aufzuhellen, dem Geheimerath Wedeke; doch seine deutsche Handelskompagnie in Gallatz löste sich in Wind auf. Der folgende General-Consul, ein Baron, ließ sich von dem österreichischen Agenten ins Schlepptau nehmen, mischte sich in Politik und mußte desavouirt werden. Wenn Deutschland nicht Mittel findet, die dortigen Oesterreicher zur Bezahlung der ihnen in Deutschland auf Kredit gegebene Waaren anzuhalten, ist jeder Versuch, dem Handel dorthin aufzuhelfen, vergeblich.

Einen noch schlimmeren Erfolg hat die Metternichsche Politik der aristokratischen Minister in Preußen dem deutschen Handel in Spanien zugefügt, wohin früher der Leinwandhandel aus Schlesien besonders sehr bedeutend war. Als aber der absolute König Ferdinand VII. die früher dunkle Successionsfrage als oberster Gesetzgeber dahin erläutert hatte, daß die Krone auf die weibliche Linie übergehen solle, welchem Befehl sich sein erster Unterthan, Don Carlos, wenn er wirklich loyal gewesen wäre, hätte unterwerfen müssen; da unterstützte die Metternich'sche Politik diesen Rebellen, weil er keine Constitution aufkommen lassen wollte. Man nannte damals diesen Rebellen und seine Anhänger: „Legitimisten" und die deutschen Höfe, im Schlepptau der Metternich'schen Politik, unterstützten ihn nach Möglichkeit. Jahre lang ward kein preußischer Gesandter in Madrid unterhalten, aller Verkehr mit jenem für den Handel so wichtigen, reichen Lande abgebrochen. Als man sich endlich in das Nothwendige, was man früher erkennen mußte, gefunden hatte, war es zu spät: Spanien hatte andere Handelsverbindungen angeknüpft und in Schlesien schmachteten die Weber im Elend und in Preußen kam es dahin, daß bei aller Ordnung der Verwaltung Hunderte vor Hunger starben.

Die Revolution im Jahre 1848; das deutsche Parlament.

> „Dies Jahr ist die Cholera unter die Könige gekommen."
> Gräfin Spada.

Wenn ein Gefäß übervoll ist, bedarf es nur eines Tropfens, um das Ueberlaufen zu bewirken. Der im Vorhergehenden entwickelte Mißbrauch der Gewalt der alten Aristokratie und deren Uebermuth hatte das Maß der Unzufriedenheit so voll gemacht, daß es nur der Nachricht von der Revolution in Paris bedurfte, um den gewaltsamen

Ausbruch herbeizuführen. In Wien floh Metternich vor dem aufgestandenen Volke, und in Berlin folgten auch hierin die Minister ihrem Vorbilde und gaben den dringenden Wünschen nach, blos weil und so lange sie mußten.

Wenn eine Partei das Berliner Ereigniß einen Straßenskandal nennt, so wollen wir darüber nicht ein Wort verlieren; die Revolution war vollbracht, schon vorher, als sich das Ministerium überzeugen mußte, daß mit dem Polizeistaat nicht länger auszukommen war. Eine Hofrevolution wird gemacht, wenn ein Peter III. ermordet wird, oder ein Paul; aber gewöhnlich versteht man unter Revolution mehr, man denkt dabei an eine Umwälzung der Ideen. Der Deutsche hatte in jahrelanger Servilität sich dem Uebermuth der alten Aristokratie unterworfen. Endlich faßte er den Entschluß, es nicht mehr zu wollen. Dieser Entschluß ward in Wien und Berlin anerkannt und damit die Revolution vollbracht. Dazu bedurfte es nicht des französischen Geldes, französischer Emissäre und polnischer Propagandisten; höchstens waren sie die Lärmtrompeten dazu. Die allgemeine Stimmung war endlich zum Durchbruch gekommen.

Gerade darin, daß behauptet wird, der Straßenkampf in Berlin sei ganz unnütz gewesen, indem schon vorher alles bewilligt worden, liegt das beste Anerkenntniß der Revolution in den Ideen. Die Minister konnten dem Könige nicht länger verschweigen, daß ihr Polizeistaat allgemein verhaßt, daß er unmöglich sei: das war die Revolution, der mächtige Umschwung in der Gedankenwelt. Sie, die vorher mit Kirchenbauten, mit Gotteswort, mit Ordensbändern und leeren Redensarten den Sturm zu beschwören versucht hatten, mußten endlich diese einfache, aber bittere Wahrheit eingestehen.

Auf Wien hatten besonders die Vorgänge in Italien gewirkt. Kurz vor dem Tode des Papstes Gregor XVI. sagte der Markgraf Massimo d'Azeglio in seiner Beschreibung von dem Aufstande in der Romagna, daß die Dinge in Italien anders werden müßten; daß aber die Italiener sich nicht scheuen dürften, Märtyrer für eine Zeit zu werden. Pius IX. führte diese bessere Zeit herbei, Ventura predigte die Befreiung der Völker und der Papst heiligte diese Befreiung durch seinen Segen. Ohne diesen Segen wäre dieser mächtige Umschwung der Ideen bei dem frommen gemüthlichen Wiener nicht möglich gewesen. Der Umschwung der Ideen im ganzen Volke war geschehen; Metternich selbst mußte es anerkennen und von diesem Augenblick an war die Revolution vollbracht, ohne daß ein Blutstropfen erforderlich war. Eben so konnte es in Berlin erledigt werden. Mag es dahin gestellt sein, wer an dem spätern blutigen Straßenkampfe Schuld war. Dieser Kampf war höchst unbedeutend, da er nur 13 Soldaten das Leben kostete; man nennt das ein kleines Scharmützel. Die Geister waren erbittert gegen die alten Aristokraten; und diese sind es, welche an der Revolution die Schuld tragen. Dies ist der Nerv der Bewegung. Die Aristokraten vom alten Schlage tragen die Schuld, denn sie waren die Umgebungen des Königs; die weisen Gesetze von Königsberg wurden nicht mehr beachtet; diese „sporadische" Gesetzgebung von 1815 bis 1820, wie v. Kamptz sie nannte, war wieder ins alte Gleis gebracht, der Rückschritt versucht und festgehalten. Der Adel rieth zu den

traurigen Provinziallandſtänden, von denen einer der ge=
ſcheidten weſtfäliſchen Autonomen damals zu dem Verfaſſer
Dieſes ſagte: „Es iſt auffallend, daß man hier und am
Rhein, wo der Staat nur S t a a t s b ü r g e r hatte, wieder
v e r ſ ch i e d e n e S t ä n d e einführt!" —

Geſchah dies zu Gunſten der Krone oder zu Gunſten
der Ariſtokratie? — Die Antwort hierauf fällt leider zum
Nachtheil der letztern aus; darum fällt auch auf die alten
Ariſtokraten der Fluch dieſer Revolution, die vermieden
worden wäre, wenn die deutſche Ariſtokratie ſo vernünftig
geweſen wäre, wie die engliſche, welche in die, eine Re=
volution unmöglich und unnöthig machende Reformbill
willigte.

Man kann nicht leugnen, daß unſere Ariſtokraten klug
ſind, aber nur klug wie Metternich und Mephiſtopheles.
Wahre Klugheit iſt ehrlich und ehrlich währt am längſten.
Die Ariſtokratie hat ſich mit ihrer Klugheit noch um ein
Menſchenalter conſervirt.

Der Vortheil der Ariſtokratie beſteht darin, daß ſie
ſtets weiß, was ſie will; wogegen der Bürger nur weiß,
was er n i ch t will! — Unter der halben Million Wiener,
welche im März v. J. das Pfaffenunweſen, die Cenſur ꝛc.
n i ch t wollten, waren vielleicht 20 bis 30, die eine Re=
publik anſtrebten. Unter der halben Million Berliner,
welche das Ariſtokratenweſen, den Uebermuth der Garde ꝛc.
n i ch t wollten, waren vielleicht höchſtens 20 bis 30, welche
Republik wollten. Dennoch ward beiden Höfen von den
Ariſtokraten weißgemacht, das ganze Volk ſei von republi=
kaniſchen Ideen angeſteckt. Wie gut monarchiſch die Völ=
ker von ganz Deutſchland waren, zeigte ſich ſelbſt im Frank=

furter Vorparlament. Nur wenige wollten die Republik, sie gehörten dem Südwesten von Deutschland an, schieden aus, erhoben die Fahne des Aufruhrs und wurden vertrieben, da sie nicht die allgemeine Sympathie für sich hatten.

Durch ihr Ausscheiden hatten sie sich selbst gerichtet, denn bei einem Verein Mehrerer zum gemeinschaftlichen Zweck muß sich die Minderzahl unterwerfen. Bei einer diesfallsigen Berathung kommt es nicht darauf an, welche Meinung etwa die bessere sein mag, denn Jeder hält die seinige für die beste; sondern auf die Aeußerung des Willens. Bei Willensäußerungen aber entscheidet die Mehrheit, der sich die Andern unterwerfen müssen. Wer also diesem Volkswillen entgegenhandelte, war Vaterlandsverräther.

Als endlich — was für Deutschland wirklich mit unerwarteter Schnelligkeit geschah, — das deutsche Parlament zusammenkam, da hätte man hoffen sollen, daß die Versammlung, der Dringlichkeit der Zeit eingedenk, binnen 14 Tagen eine Verfassung, auf das Mögliche, nicht auf das Beste begründet, beendet haben würde. Es lagen bereits so viele Entwürfe vor, daß die Redaktion leicht in ein Paar Tagen erfolgen konnte, — und von dem allgemeinen Sinn für Einigung hätte sich erwarten lassen, daß man von allen Seiten mit Nachgiebigkeit entgegenkommen würde. Alles was eine längere Berathung erfordert hätte, mußte besonderen künftigen Gesetzen vorbehalten werden. **Einheit und Freiheit** war durch **Einigkeit der Versammlung** gewährleistet.

Wäre auf diese Weise nach den ersten 14 Tagen eine Reichsverfassung beendet gewesen, so würden die meisten deutschen Fürsten, damals noch zu sehr eingeschüchtert, sich unterworfen haben, um Schlimmerem zu entgehen. Sobald dem Staatenhause ein Volkshaus gegenüberstand, hatte man sich vor Reaktion nicht mehr zu fürchten; oder die künftigen Vertreter wären ihres hohen Berufs nicht würdig gewesen. Auf diese Weise war es möglich, die Einheit Deutschlands mit seiner Befreiung schon im Juli 1848 zu Stande zu bringen!

Von der später erfolgten Kaiserwahl, von der Farce des Stuttgarter Parlaments, besonders aber von der Reichsregentschaft wollen wir nur sagen: „es war zu spät"; die wahre Bezeichnung dieser Schritte hört man im Auslande deutlich genug.

Die getäuschten Hoffnungen; deutsche Vaterlandsliebe und Sonderlust.

> „Deutschland! Aber wo liegt es? Ich weiß das Land nicht zu finden;
> „Wo das gelehrte beginnt, hört das politische auf."
> Schillers Xenien.

Was ist statt dessen geschehen? Daß sich sofort verschiedene Parteien ergeben würden, war zwar vorauszusehen, namentlich waren die Ultramontanen und Aristokraten am meisten zu fürchten; doch wenn alle Wohlmeinenden sich gegen sie verbunden hätten, konnte die Verfassung und die Bestellung einer dauernden Reichsregierung von

Deutschland nicht über 14 Tage aufgehalten werden. Die größte Eile war nothwendig, während Oesterreich in Italien noch sehr beschäftigt und die andern Regierungen um ihre Existenz besorgt waren. Allein von einem Zusammenhalten Derer, welche Deutschlands Freiheit und Einheit wollten, war gar nicht die Rede. Jeder wollte Freiheit und Einheit auf seine Weise.

Da trat besonders drohend hervor die Partei der Republik. Sie mußte sich bald von neuem überzeugen, daß die Mehrheit in Deutschland auch jetzt nichts von Republik wissen wollte. Wären diese Männer nur mit der Klugheit des gewöhnlichen Menschenverstandes begabt gewesen, so hätten sie mit einer Meinung gar nicht auftreten müssen, die durchzubringen unmöglich schien. Der unbedeutendste Geschäftsmann vermeidet es, sich die Blöße zu geben, etwas anzufangen, wenn er den Erfolg mehr als zweifelhaft finden muß. Diese Partei hat daher wenigstens unklug gehandelt; sie hätte Klugheit von ihren Feinden lernen sollen!

In Verbindung mit den zahlreichen Männern des Fortschrittes war sie stark genug, um den Ultramontanen und Aristokraten die Spitze zu bieten. Ihre Trennung von den Gemäßigten hatte bald die allernachtheiligsten Folgen. Denn aus Furcht vor der Anarchie traten viele der sonst ehrlich am Fortschritt haltenden Mitglieder auf die Seite der von ihnen sonst gefürchteten Aristokraten; denn wahr ist es leider, was Guizot sagt: „Unter der Tyrannei ist es doch möglich zu leben, nicht aber unter der Anarchie."

Wie vor den alten Aristokraten gewarnt werden muß, eben so muß man vor diesen neuen Demokra=

ten warnen; sie wollen etwas anderes als die Mehrzahl ihrer deutschen Brüder. Wenn jeder Mann des Volkes auf den Namen eines Demokraten stolz sein kann, der mit Aufopferung seiner Meinung die deutsche Einheit und Freiheit fördert; so muß das Bewußtsein für diese Männer niederschlagend sein, durch ihre Schuld Deutschland zersplittert zu haben. Dies sind nicht die wahren edlen Demokraten; wir stellen sie als Feinde Deutschlands, unter dem Namen der neuen Demokraten den alten Aristokraten entgegen und zur Seite. Die alten Aristokraten haben uns zur Revolution getrieben; die neuen Demokraten haben uns um die Früchte dieser Revolution gebracht!

Oft hörte man in der Paulskirche die Worte: „Ein Prinzip ist wichtiger als das Leben!" Hat da der Franzose nicht Recht, wenn er sagt: „Sobald der Deutsche von Prinzipien spricht, meint er seine Eitelkeit und beweist nur seinen Eigensinn." — Schon seit alten Zeiten sprechen die Franzosen von querelles allemandes. Schmerzen muß es aber jeden Vaterlandsfreund, wenn er bemerken muß, daß die Franzosen, welche ohnehin keine gute Idee von dem praktischen Sinne der Deutschen hatten, jetzt dem Deutschen alle Fähigkeit für politisches Leben absprechen. Sie sagen: „Wir sind in diesem verhängnißvollen Jahr auch in den Schmutz gefallen, sind aber wieder aufgestanden; der Italiener wälzt sich noch im Schmutz herum; aber der Deutsche ist beim Umsturz auf den Kopf gefallen; da ist alle Hoffnung verloren!"

Wenn man den Franzosen die deutsche Gründlichkeit einwendet, die Alles aufs genaueste erwägen will, so erin=

nern sie an die so häufig vorgekommenen namentlichen Abstimmungen; sie sagen: Schon daraus sieht man, daß es den Leuten mehr auf ihre Eitelkeit als auf die Sache selbst ankam. Besonders aber werfen unsere westlichen Nachbarn diesen neuen Demokraten den Mangel an Klugheit vor, wodurch sie ihrer eignen Sache schaden; eben so sehr aber auch besonders die Unbeholfenheit, mit der sie Gegenstände der äußern Politik behandeln, welche überall selbst der größte Feind eines Ministers mit der besonnensten Vorsicht behandelt. Leider ist der Deutsche so oft „Vetter Michel" geschimpft worden. Nun wäre es Zeit gewesen, unsern Nachbaren und dem ganzen Europa eine andere Meinung von Deutschland beizubringen. Allein man muß mit Bedauern gestehen, daß Jeder, der noch keine Idee von dem deutschen Michel hatte, bei den Verhandlungen in der Paulskirche darüber ins Klare kommen konnte. Es würde leicht sein, eine Menge Pedanterien und Sylbenstechereien anzuführen; doch wollen wir blos die Zeit erwähnen, welche es kostete, ehe man sich über die Wahl der Worte „Briefgeheimniß" oder „Postgeheimniß" einigen konnte, obwohl Jeder wußte, was darunter zu verstehen.

Einen besonders nachtheiligen Eindruck im Auslande machte der Beschluß über den Malmöer Waffenstillstand. Man sagte draußen Da die Sache einmal so weit gekommen, konnte nur ein Feind des Vaterlandes solche für Deutschland so nachtheilige Dinge öffentlich vorbringen! Selbst Eure Vaterlandsliebe, sagen die Franzosen, macht Euch nicht frei von Eigensinn, Eitelkeit und Sonderlust!

Die Wiener Nationalversammlung.

> „Eine große Epoche hat das Jahrhundert geboren,
> „Aber der große Moment findet ein kleines Ge=
> schlecht."
>
> Schillers Xenien.

Daß in einem Lande, ohne alle Vorbereitung dazu, wie in Oesterreich, die Nationalversammlung so schnell zu= sammentreten konnte, macht der Anstelligkeit der dabei Be= theiligten alle Ehre. Man glaubte, die Verschiedenheit der Sprachen würde gleich anfangs zur gänzlichen Auflö= sung führen; allein man kam darüber glücklich hinweg. Ein Beweis, daß die Nichtdeutschen praktischer sind, wo es darauf ankommt, wichtigere Interessen zu wahren, Neben= fragen rasch zu beseitigen. Dies war besonders den pol= nischen Abgeordneten zu danken!

Leider gab es aber auch dort solche neue Demokraten, welche sich der Mehrzahl des Volkes widersetzten. Sie hatten das Beispiel Italiens vor sich; doch der Leidenschaft predigt die Erfahrung vergeblich! Italien beschäftigte an= fangs die österreichische Regierung so ernsthaft, daß sie sich um so nachgiebiger gegen den Volkswillen in den deutschen Ländern gezeigt hätte. Die Lombardei war von dem star= ken Heere Radetzki's beinah ganz und ohne Widerstand geräumt, das venetianische Königreich war von den Rö= mern unter Durando und den Neapolitanern unter Pepe besetzt; Radetzki ließ sich Peschiera nehmen, ob= wohl er in seinem Hauptquartier Verona, nur noch auf Mantua beschränkt, jeden Kanonenschuß hören konnte.

Schon machten die Italiener Einfälle in Tirol und bedrohten die Rückzugslinie dieses Feldherrn.

Da verschuldeten ebenfalls solche neue Demokraten das Unglück Italiens. Alle Staaten dieses Landes hatten bereits Konstitutionen und selbst der König von Neapel hatte ein Heer von 14,000 Mann nach der Lombardei gesndt, während ein Vetter des Papstes, der allgemein verehrte Banquier Graf Ferretti, die Seele der Bewegung war. Eben sollten die Kammern eröffnet werden und wenn jeder Abgeordnete seine Schuldigkeit that, konnten die von der Krone gemachten Zugeständnisse nicht mehr verkümmert werden. Da trat Graf Salicetti, ein Anhänger der italienischen Republik auf und verlangte mehr; er wollte Alles auf einmal haben. Der von ihm erregte Aufstand ward unterdrückt. Daß er nicht die Mehrheit für sich gehabt hatte, ging daraus hervor, daß er von der Nation nicht unterstützt ward. Daher alles Unglück Italiens! Der König von Neapel war schon im Begriff gewesen, den Staatenbund der Italiener zu beschicken und schwankte man nur noch zwischen Rom und Lucca. Jetzt zog er sich von der Sache der Einheit, sein Hülfskorps aus der Lombardei zurück. Der römische General Durando, der tapfer gegen Don Carlos in Spanien gefochten, war auf seinem rechten Flügel blosgestellt; er that mit seinen 13,000 Mann, die an den Krieg wenig gewöhnt waren, das Mögliche; doch er unterlag bei Vicenza. Nun waren die Kräfte Karl Albrechts um 27,000 Mann geschwächt, die Oesterreicher konnten sich jetzt vereinigen und mit weit überlegner Macht die sich brav vertheidigenden Piemontesen über den Tessin vertreiben.

Solch Unglück hatten die neuen Demokraten in Neapel über die wahren Demokraten Italiens gebracht. Mögen sie die ehrlichsten, die wohlmeinendsten Männer von der Welt sein; sie hatten mehr als das Mögliche gewollt. Hätten die Volksvertreter in Wien die Konstitution nach den vielen vorhandenen Mustern binnen 14 Tagen beendet, die weitere Ausführung einer späteren konstitutionellen Gesetzgebung überlassen; so war die Verfassung lange vor dieser Katastrophe in Italien beeidet.

Von Klugheit ist in dem politischen Leben der Deutschen eben so wenig die Rede. Der deutsche Michel will entweder Alles, oder gar nichts, und so ward unnennbares Elend über Wien gebracht. Die ungarische Sache, welche Veranlassung dazu gab, war eigentlich gegen das Interesse der Deutschen. Die Ungarn unterdrückten die innerhalb ihrer Grenzen wohnenden Nicht-Magyaren auf die grausamste Weise, die Walachen und die Slawen standen zuerst gegen diesen Druck auf, besonders waren es die Letzteren, welche unter Jellatschitsch die Feindseligkeiten eröffneten. Das war besonders im Interesse der 4 Millionen Deutschen, welche in den ungarischen Städten, besonders in dem Sachsenlande unter dem magyarischen Drucke hart litten. Das aber war den neuen Demokraten ganz gleich, sie brachten Wien in Aufruhr zum Nachtheil ihrer deutschen Brüder in Ungarn.

Statt schon seit Monaten eine verbriefte und beschworne Verfassung zu haben, erfolgte Belagerungszustand, Verlegung der Nationalversammlung, sogar die Möglichkeit einer Rückkehr der Liguorianer, der Censur und der Metternich'schen Polizeispionerie. Regiert Metternichs Geist wieder

in Wien, so haben es diese neuen Demokraten zu verant=
worten.

Blum, den seine Pflicht an Frankfurt fesseln mußte, zog nach Wien. Warum? Um den Ungarn Hülfe gegen die Kroaten zu bringen? War dies sein Plan, so handelte er sehr undeutsch gegen die von Ungarn so arg mißhandel= ten Deutschen. Der Magyar haßt den Deutschen stärker noch als den Slawen. Es dürfte auffallen, daß Blum diesen Nationalhaß nicht gekannt haben sollte; deshalb sind Andere der Meinung, daß er nach Wien gegangen, um die Republik auszurufen. War Blum entschiedener Republikaner, so tritt er für uns in die Reihe von Hecker und Struve. Schwankte er zwischen jener und dieser Ab= sicht in Wien, so verfiel er jedenfalls dem Kriegsrecht, wie er seinerseits Gefangene aus dem Lager seines Feindes hätte erschießen lassen können. Ist einmal Krieg die Lo= sung, so tritt das Gesetz des Mars, das alle Sentimenta= lität ausschließt, als allein gültig auf.

So sehr es zu bedauern ist, daß die Wiener National= versammlung nicht ebenfalls die Konstitution so schnell be= endet, wie sie zusammenberufen worden, so macht es ihr doch alle Ehre, daß sie sich durch die Ereignisse nach der Ermordung Latours nicht zu überschwänglichen Beschlüssen hinreißen ließ; sondern in der ersten darauf erfolgenden Sitzung treues Festhalten an der konstitutionellen Monar= chie gelobte, weil dies zugleich der Ausdruck der Gesinnung der Mehrheit der Nation war.

Wie viel praktischer war dies, als die Vorwürfe, welche von einem großen Theile der Frankfurter Versammlung an Welcker gemacht wurden, daß er Windischgrätz nicht abgehalten, den Mord Latours an den Wienern zu bestrafen. Ein Redner in der Paulskirche sagte sogar: Welcker hatte 45 Millionen Deutsche hinter sich; er mußte seiner Mission Geltung verschaffen! Wer praktisch ist, analysirt die Bestandtheile dieser 45 Millionen und findet, daß die Mehrzahl ihr Leben fristen will und nichts als Ruhe und Verkehr wünscht. Freilich ist es schlimm, daß nicht alle mit Feuereifer für eine höhere Idee begeistert sind; allein um die Wohlfahrt der Welt festzustellen, muß man die reale Welt kennen und verstehen.

Nachdem die Wiener Versammlung nach Kremsier verlegt worden, mußte sie um so mehr eilen, die Verfassung zu entwerfen, die natürlich nicht mehr so vortheilhaft ausfallen konnte, als das in den ersten 14 Tagen ihres Zusammentritts in Wien möglich gewesen wäre. Dennoch mußte man retten, was zu retten war, um die schwach gewordene Sympathie der Nation von neuem zu gewinnen. Was jetzt nicht durchzubringen war, mußte sammt allen Nebenpunkten künftigen Gesetzen vorbehalten bleiben. Eines that vor Allem noth: die Welt nicht in den Glauben verfallen zu lassen, Metternichs System sei haltbarer gewesen als die neue versuchte Ordnung der Dinge.

Die Berliner Nationalversammlung.

> „Heilige Freiheit! Erhabner Trieb des
> Menschen zum Bessern!
> „Wahrlich du konntest dich nicht schlechter
> mit Priestern versehn!
> Schiller's Xenien.

Es ist nicht nöthig, noch ein Urtheil über die preußischen Volksvertreter zu fällen; das Vaterland hat gerichtet. Nach einem Jahre befand sich Preußen noch in derselben Ungewißheit und Rechtsunsicherheit, und der wahre Demokrat mußte es zu seinem Schmerz erleben, daß die philiströse Welt den Belagerungszustand und den Polizeistaat leidlicher fand, als die Anarchie dieser Versammlung. Leider! wiederholen wir, aber unleugbar, man mag als Philosoph die Masse geringschätzen oder sie als Demokrat für souverän halten.

Preußen erwartete, daß diese Versammlung, in welcher sich so viele ehrenwerthe Männer befanden, nichts eiligeres zu thun haben würde, als eine Verfassung festzustellen und sie vom Staatsoberhaupt und der bewaffneten Macht beeidigen zu lassen, wobei die anderweiten organischen Gesetze den nächsten ordentlichen Versammlungen würden vorbehalten werden. Schreiber dieser Zeilen hat seine Freunde vor dem den Deutschen so höchst schädlichen Optimismus gewarnt. Im Juli 1848 mußte die Verfassung fertig sein! Eile that noth, sollte die alte Aristokratie sich nicht wieder mit dem Polizeistaat festsetzen. Aber da hörte man mit dem bekannten Dünkel: „Wir stehen in Preußen an der Spitze der Civilisation! Bei uns kann kein Rückfall vorkommen!" —

Diese Versammlung hat die Erwartungen des Landes nicht befriedigt. Man gefiel sich darin, in Prinzipienstreitigkeiten zu glänzen, die Minister durch Verwaltungsskrupel in Verlegenheit zu setzen. Ein Ministerium nach dem anderen zu verdrängen, galt für den Triumph des Berliner Freisinns. Mit Männern wie Camphausen konnte dieser Freisinn nicht Hand in Hand gehen; er verdiente also wieder einen Rochow von Gottes Gnaden zum Minister.

Zu den müßigen Fragen, mit denen man die Zeit vergeudete, gehörte die eitle und eigensinnige Anerkennung der Revolution, die doch nicht viel mehr als ein Putsch war, der Alle überrascht hatte. Die alte Fabel vom Hunde, der mit dem Stück Fleisch im Maule auf den Schatten im Wasser losbellt, ward in Berlin zur Wahrheit. Von den Offizieren verlangte man ein Glaubensbekenntniß. Wehe der Macht, die sich durch Inquisition zu halten sucht! Klüger wäre es gewesen, die Konstitution fertig zu machen, sie zur Ausführung zu bringen, sie von der Aristokratie des Offiziercorps beschwören zu lassen!

Wir haben manchen Junker von der Garde sagen hören: „Wir warten nur auf den Augenblick, wo die Canaille die reichen Bürger angreifen wird; dann werden uns diese Leute, die es dem Adel gleich thun, gute Worte geben! Aber wir werden sie erst mürbe machen; dann werden wir beiden Theilen zeigen, daß wir doch wieder die Herren sind!" — Trotzdem arbeitete man diesen alten Aristokraten in die Hände. Die Berliner Versammlung verbreitete über Volksbewaffnung höchst unpraktische Be=

griffe, so daß Berlin einem wahren Terrorismus anheim=
gegeben ward. Die Bürgerwehr mußte die Ordnung um
jeden Preis aufrecht erhalten, sie mußte sich die höchste
Achtung, dem gemeinen Gesindel gegenüber, erwerben,
welches das Zeughaus plünderte und einem Minister die
Wohnung demolirte; um zu zeigen, daß sie mehr leisten
konnte als Soldaten.

Hier war von Klugheit so wenig die Rede, wie im
Verfahren der neuen Demokraten gegen die Minister
Hansemann und Milde, zwei Ehrenmänner, wie sie
selten in Preußen ein Portefeuille geführt. Die Ver=
sammlung mußte in ihnen sich selbst ehren, indem sie den
großen Unterschied anerkannte zwischen edlen freisinnigen
Bürgern und früheren Ministern, die ihre Ernennung
lediglich ihrem hochadeligen Namen verdankten. Eine
Demokratie, die Hansemann fallen lassen konnte, ist min=
desten charakterlos. Da kam der deutsche kleinliche Neid,
unser Aller Erbfehler! Viele dachten: Du könntest eben
so gut an ihrer Stelle sein! — und fügten aus ange=
borener heimlicher Servilität hinzu: Wenn nicht ich:
dann lieber ein Edelmann! O Ihr George Dandin's!
Vous l'avez voulu! Die aristokratische Camarilla konnte
zu einem Minister kein Zutrauen haben, der Kaufmann
gewesen war! Sie sah in ihm stets, wo nicht einen Ver=
räther, doch einen Eindringling. In den Augen der alten
Aristokraten ist jeder gebildete Bürgerliche ein rother Re=
publikaner, denn er erkennt nicht die historisch begründete
Obermacht des Adels an, er glaubt nicht an diese noth=
wendige Gliederung der Gesellschaft. In den Augen der
Berliner Garde und der Camarilla giebt es nur zwei von

Gott gesetzte Stände: Adel und Canaille. Unter der letzteren macht man noch Unterschiede; man unterscheidet Schuster und Schneider oder Juden und Schreiber. Unter diesen Kategorien begreift der Vollblutsadel die vornehmsten Bürgerlichen aller Klassen des Rangreglements und aus allen Schichten des Vermögens.

Und am Hofe war man leicht genug geneigt, dieser Meinung zu folgen, und schenkte solchen Ehrenmännern nicht das erforderliche Vertrauen. Als Lamb Minister der Königin Victoria war, der den Pairstitel Melbourn erhielt, stellten ihn seine Feinde, die Tories, in einer Caricatur als „Lämmchen" vor, das die Königin auf dem Schooße hatte und liebkoste. Zu einer solchen Caricatur war bei den Bürgerministern Camphausen, Hansemann, Milde keine Veranlassung; sie regierten ohne alles Zutrauen von Seiten des Hofes. Die Volksversammlung aber war nicht klug genug, davon Vortheil zu ziehen, und daraus erklärt sich, daß energische Maßregeln gegen die zunehmende Unordnung ausblieben. Leider waren diese, durch Verschuldung der Nationalversammlung, so weit gediehen, daß von den 400,000 Berlinern 350,000 froh waren, daß das Militär endlich Ruhe und einigen Verdienst brachte; 40,000 bedauerten, daß es so weit gekommen, und fürchteten die Wiederkehr des Polizeistaates mit den alten Aristokraten, wollten aber lieber leben als ihre Familien aufopfern; 9000 waren glücklich darüber, daß das Hofgesinde, die Garden, die alten Aristokraten wieder den stolzen Bürgerstand demüthigen könnten, und von den letzten 1000 waren 500 Republikaner oder neue Demokraten, die gern Alles zum Umsturz gebracht hätten, ohne zu wissen, was dann werden sollte; die letzten 500 waren Bummler, denen jeder Skandal recht war. Diese Statistik Berlins in den Tagen der Bewegung ist eine richtige.

Es ist schlimm, daß es so ist; aber leider es ist so. Man kann nicht sagen, daß die Nationalversammlung die Nation für sich hatte, nicht einmal die Hauptstadt war mit ihr. Es war ihre Schuld. Eine Nationalversammlung aber, die etwas anderes will als die Mehrzahl der Nation, würde nichts anderes sein als ein Haufe von Intriguanten. Man darf voraussetzen, daß die Berliner Nationalversammlung nichts anderes gewollt hat, als die Nation; aber ihre Unfähigkeit, dem Lande eine Verfassung zu geben, hat sie vollständig an den Tag gelegt. Sie kann noch von Glück sagen, beschuldigt man sie nicht, von der Aristokratie bestochen zu sein. Denn zu deren Besten haben diese Demokraten gehandelt!

Die Nachtheile der großen Stadt: Paris und Berlin als Centralpunkte.

„Daß Verfassung sich überall bilde, wie sehr ist's zu wünschen;
„Aber ihr Schwätzer verhelft uns zu Verfassungen nicht."
Schiller's Xenien.

Als zu Ende März 1814 die Napoleonischen Siegesbulletins verstummten, und in den französischen Provinzen ein paar Tage lang die Posten ausblieben, harrte die kleine Stadt Billac im oberen Limousin in abgöttischer Ver=

ehrung für ihren Kaiser auf Nachrichten aus Paris. Da kam auf einmal der Kurier mit weißer Kokarde und brachte die Zeitung von der Uebergabe der Stadt. In Billac war damals das Depot der preußischen Kriegsgefangenen Offiziere. Einer derselben eilte zu dem reichen Monsieur Gajoubert, wo er im Quartier lag, um nähere Nachrichten einzuholen. Dieser war ein warmer Anhänger Napoleons; seine Frau war die Schwester des bekannten Konventsmitgliedes de Voipin Gartempe, und selbst so eifrige Republikanerin, daß sie als junges Mädchen eine Guillotine auf der Brust gestickt trug, mit der Inschrift: „Die Revolution ist eine junge Pflanze, die man mit Blut begießen muß!" Sie konnten sich die Rückkehr der Bourbons nicht für möglich denken. Unser Offizier fragte daher ganz bescheiden, ob sich diese Nachrichten bestätigten. Die Antwort war bei allen Beiden: „Mit Napoleon ist's aus; Paris hat sich für die Bourbons erklärt!"

Ein paar Tage nachher war an der Mairie eine Bekanntmachung der Kaiserin Marie Louise aus Blois angeschlagen, worin diese aufforderte, sich mit ihr für Napoleon zu vereinen, sie sei Regentin und Blois der Sitz der Regierung; man solle dem nicht folgen, was aus Paris käme. Daneben war von der provisorischen Regierung in Paris das Gegentheil angeschlagen. — Unser Offizier dachte jetzt nicht anders, als daß in Frankreich ein Bürgerkrieg ausbrechen würde. Doch die Franzosen lasen Beides ganz ruhig, schüttelten die Köpfe und folgten dem, was Paris gegen ihren Liebling Napoleon decretirte. So stark ist die Macht eines Centrums dort, so stark das Band, das den Franzosen an Paris knüpft. Die Macht dieses

Centrums ist freilich auch verhängnißvoll; sie sichert die Provinzen vor Bürgerkriegen, macht aber die Hauptstadt selbst zum immerwährenden Heerde des Aufruhrs.

Als unter Karl X. bedeutende Aufstände in Paris vorbereitet wurden, sagte derselbe Offizier einem französischen Legitimisten: „Verlegt den Sitz der Regierung weg von Paris, nach dem Mittelpunkte Frankreichs, nach Bourges, und die Revolutionen werden aufhören! Ihr habt ja eine Konstitution, die nach und nach verbessert werden kann!" — Der Franzose hielt dies für unmöglich, indem er sagte: „Paris ist Frankreich." Als Karl X. fortgejagt war, wiederholt jener denselben Rath einem treuen Anhänger der Orleanisten; doch dieser erwiderte: „Dies allein würde eine Revolution zur Folge haben!" Erst jetzt unter dem Präsidenten Napoleon hat man angefangen, den höchsten außerordentlichen Gerichtshof aus denselben Gründen nach Bourges zu verlegen.

> „Man kann guten Rath geben, aber nicht den Verstand, um guten Rath zu befolgen."
>
> Ancillon.

Der Pöbel ist überall Pöbel, und der Berliner Pöbel ist nicht schlimmer als anderwärts; aber gemeiner ist er. Sehr natürlich.

> „Da, wo der Pöbel mit dem größten Hochmuth behandelt wird und sich der Verachtung preisgegeben sieht; da wird er niederträchtig und rächt sich durch Gemeinheit gegen den Uebermuth der Vornehmen."
>
> Fürst Pückler.

Nun giebt es aber keinen hoffärtigeren Adel als den Berliner. Er ist selten reich, sonst würde er gediegener sein.

Er sucht durch gesellschaftliche Anmaßung zu ersetzen, was ihm an politischen Privilegien von ehedem entzogen ist. Der Superlativ des Exclusiven, Sublimen und Specifischen kommt aber zur Erscheinung, wenn auf einen märkischen Junker noch die Epaulette des Gardeleutenants gepfropft sind. Dann ist der wahre Incroyable fertig. Man denke, daß ein Gardeleutenant im Schauspielhause zu Berlin nicht in den Sperrsitz gehen kann, wo die reichsten Kaufleute und die gelehrtesten Professoren sitzen. Und je hochmüthiger der Adel, desto gemeiner der Pöbel! Der Berliner Pöbel aber wird förmlich zur Gemeinheit erzogen. Vor einigen Jahren machte die Darstellung des Eckenstehers in den verschiedenartigsten Gestalten das dramatische Hauptvergnügen der exclusivsten Gesellschaft aus. Der Berliner lief hin, weil der Hof dort war, sowie er später in die Kirche lief, sobald der Hof nur dort erschien. Es wurde damals g e e c k e n s t e h e r t von unten bis oben. Aus dem feinsten Munde tönte der Witz jenes „Nante" wieder, die Bummlerwitze liefen in den „vornehmsten" Cirkeln um, weil sie in „noch vornehmeren" eingebürgert wurden. Selbst für die vornehmsten Damen wurden diese Gemeinheiten mundgerecht gemacht; bei sehr glänzenden Tafeln wurden Bonbons herumgereicht, die in bildlichen Darstellungen die Witze wiedergaben. — Der Berliner Pöbel sah sich durch solche ihm dargebrachte Huldigung au niveau gesetzt mit jenen stolz auf ihn herabsehenden Cirkeln; wenigstens fühlte er sich geschmeichelt, und so kann man sagen, daß die haute-volée Berlins die Erziehung des Pöbels zur Gemeinheit vollendet hat.

> „Man kann die Meisterschaft im guten
> Tone erreicht haben, und doch der wahren
> Bildung noch sehr fern stehen, wenn nicht
> in jedem Menschen der Mensch geachtet
> und menschlich behandelt wird."
>
> Cooper.

Es ist komisch, welche Furcht aus bösem Gewissen die vornehme Welt in Berlin in den stürmischen Märztagen des bewegten Jahres vor dem Pöbel hatte. Eine vornehme Dame erzählte mir, daß, als sie einem Eckensteher habe ausweichen wollen, derselbe ganz höflich gesagt habe: „Ich bitte, es ist ja an mir auszuweichen." Sie hatte ihn als Mensch behandelt, und er erkannte sofort das Uebergewicht der höheren Bildung an. Vor ein paar Monaten hätte sie das Ausweichen gefordert, und er würde vielleicht versucht haben, ihr Kleid zu beschmutzen. Eine unserer geistreichsten Schriftstellerinnen, die den Vorwurf des Aristokratismus auf sich gezogen hat, die aber von Natur human, d. h. in edlerem Sinne demokratisch ist, erzählt, mit welchem Anstande sich in Granada ein Herzog und ein Tagelöhner benommen, indem sie sich auf dem Spaziergange die Cigarre angezündet.

> „Der Stolz der Geburt sieht nach An=
> maßung, der Stolz des Menschen sieht
> vornehm aus."
>
> Ida Gräfin Hahn=Hahn.

Bei alledem aber ist es wahr, daß es die Berliner Nationalversammlung so weit gebracht hatte, daß der Pöbel die Stadt terrorisirte. Die Versammlung selbst kam in den Verdacht, sich terrorisiren zu lassen. Unter diesen Umständen hätte sie selbst ihrer Ehre wegen daran denken müssen, ihren Sitz aus der Hauptstadt nach einer kleineren Stadt zu verlegen. Dies geschah endlich ohne ihr Zuthun, nachdem ein Ministerium an die Spitze getreten, welches wenigstens das Vertrauen des Hofes hatte, während die früheren Ministerien von allen Seiten des Zutrauens entbehrten, mithin nicht kraftvoll einschreiten konnten. Wäre die Nationalversammlung wenigstens jetzt nicht von aller Klugheit entblößt gewesen, so würde sie sich nach Brandenburg begeben haben, und hätte dort, da sie die Majorität mitbrachte, durch Vollendung ihres Werkes die Regierung vielleicht in große Verlegenheit gesetzt, der Nation aber einen großen Dienst geleistet. Ein Freund des Verfassers dieser Zeilen äußerte dies in Berlin, worauf einer der alten Aristokraten sagte: „Machen Sie sie nicht darauf aufmerksam, denn dies wäre für uns der gefährlichste Rath!

Hat die Steuerverweigerung und das ganze Benehmen der Versammlung seit jener Zeit dem Lande genützt? Hat es Erfolg gehabt? — Der Eigensinn und der Dünkel schmeichelte sich, ein Volk in Waffen für sich auftreten zu sehen. Eigensinn und Dünkel sind noch lange kein Nationalstolz.

Das Jahr 1849; die Berliner Kammern, die Berliner Gesellschaft.

> „Wo Parteien entstehen, hält jeder sich hüben und drüben.
> „Viele Jahre vergehn, eh' sie die Mitte vereint."
> Schiller's Xenien.

Die zweite Kammer in Berlin fing damit an, sich in zwei Parteien zu spalten, wodurch sie kein günstiges Vorurtheil schon von vorn herein für sich erweckte. Alle, dünkt mich, mußten darin einig sein, darauf hinzuwirken, daß Preußen schnell die Verfassung in Ausführung gebracht sah. Hatte die unselige Berliner Nationalversammlung ihren Beruf versäumt, — das hat sie, denn was sie in zwei Wochen vermochte, hat sie nicht in doppelt soviel Monaten vollbracht; — so war die jetzige Kammer nur cum beneficio legis et inventarii ihr Nachfolger geworden. Die, welche gegen die Oktroyirung waren, konnten einen kurzen Protest machen; die zu revidirenden Punkte mußte der gute Wille auf ein Minimum beschränken, und bei diesem mußte ein billiges Nachgeben stattfinden, versteht sich: von jeder Seite.

Den Grundsatz, nur das Mögliche zu wollen, den jeder kluge Mann befolgt, verließ man aber bald vom Anfang an, und so störte man das gegenseitige Entgegenkommen; die Zänkereien des Eigensinns, der Trotz der eitelen Rechthabereien überwucherte von neuem das Werk fürs Vaterland. Wir wollen nicht untersuchen, wer Schuld daran ist, aber von dem guten Willen, eine Einigung zu bewirken, haben die Unparteiischen im Lande keine Spur bemerkt.

Freilich hat das Betragen der alten Aristokraten alles Mögliche gethan, von neuem Haß und Mißtrauen zu säen. Sie machen kein Hehl daraus, daß sie jeden, der nicht zu ihrer Kaste gehört, beargwohnen. Ihnen gilt jeder studirte Bürgerliche für ein rother Demokrat, jeder Berliner Bürger für ein Barrikadenmann. Dies erbitterte, dies machte den Bruch immer ärger.

Die Umgebungen des Hofes hätten populärer werden müssen, da der Haß ohnehin nicht gerade das Talent besitzt, sich beliebt zu machen. Es ist wahr, der König würdigt mehrere berühmte Leute seines näheren Umganges, allein er steht darin allein und einzig da. Es ist nicht Ton der Vornehmen in Berlin geworden, geistreiche Gesellschaft zu sehen, neue Elemente aufzusuchen und die Fremden von Ansehen und Geltung an sich zu ziehen. Es ist Ton, lediglich vornehme Gesellschaft zu haben und ein Gardeoffizier ist noch stets der Typus der Berliner Liebenswürdigkeit. Auf diese Weise bleibt die Gesellschaft in Berlin exclusiv, sie leidet Mangel an neuem Zuwachs, und der Mann von Einfluß verliert die Gelegenheit, auf die Massen zu wirken.

Der jetzige Premierminister, Jahre lang in Breslau mit dem hohen Gehalt eines Kommandirenden, sah in seiner prachtvollen Dienstwohnung, ein paar Mittagstafeln im Jahre abgerechnet, nur ein paar Gräfinnen und ein paar junge Offiziere bei sich. Hätte er seine Tafelgelder dazu verwendet, seine Salons ein paar Mal wöchentlich Abends zu öffnen und ohne alles Gepränge so viel als möglich Menschen von Bildung bei sich zu sehen; so würde man sich bald überzeugt haben, daß er ein rechtlicher, humaner Mann und seine Familie liebenswürdig ist. Graf Brandenburg hätte auf die Provinz bedeutend wirken und die Stimmung erforschen können, wenn er so viel als möglich Kaufleute, Beamte, Professoren, Offiziere ꝛc. bei sich gesehen. Man würde sich dann beeilt haben, alle ankommenden Fremden ihm zuzuführen, und so wäre der Zweck seiner Stellung in Breslau erreicht worden; der Ministerpräsident hätte eine gute und bekannte Vergangenheit aufzuweisen gehabt. Nicht anders sind die Salons der französischen Minister; so lebt der größte Theil der Präfekten in Frankreich. Hansemann hatte als Minister in Berlin seine Salons eröffnet; allein die alten Aristokraten sagten: „Man geht zu Hansemann im Ueberrock; es fehlt nur noch die Tabackspfeife im Munde!" — Die Soiréen der jetzigen Minister schmecken allerdings weniger nach Cigarren und mehr nach Etiquette und Langerweile. — Es „giebt keine Kleinigkeiten!" sagte Friedrich II., und es ist natürlich, daß dieser Ton auch auf die fremden Diplomaten Einfluß hat. Sie müssen der herrschenden Sitte in Berlin folgen, und werden daher womöglich noch exklusiver, ja manche werden schon vor einem gescheuten Gesichte ängstlich; und so kommt es, daß man sich in der Stadt der gerühmten „Intelligenz" vor allem Esprit förmlich fürchtet.

Eben so gerühmt ist die Organisation des preußischen Heeres. Wer will den Ruhm der preußischen Waffen antasten! Die preußische Armee ist unbedenklich eine der besten, von oft erprobter Tapferkeit. Aber sie ist nicht populär, wenn man ihre Organisation auch volksthümlich nennt. Die allgemeine Militärpflicht ist illusorisch.

Denn da die Offiziere mehr als nöthig auf das Längenmaß der Leute sehen, so bleiben viele, außer denen die in den Städten freiwillig zum Weiterdienen eintreten, ausgeschlossen. Die kleinen französischen Tirailleurs waren uns aber die gefährlichsten Soldaten! — Die Landwehr hat ferner ihre ursprüngliche Tendenz ganz verloren. Der Landwehroffizier ist nicht, wie er sollte, ein Mann, der auch außer dem Dienste auf den Wehrmann Einfluß hat. Man kommandirt Offiziere von der Linie, um ihnen eine Zulage zu verschaffen. Die besten Talente werden ausgeschlossen. Allerdings wird eine Menge junger Leute zum Offizierstande herangebildet; aber nicht der für etwas Bestimmte wird auch der Ausgezeichnetste sein, sondern derjenige, den die angeborene Neigung treibt. Der Offizierstand darf keine erbliche Kaste werden! Kann aber die Neigung zum Soldatenleben bei einem tüchtigen Gemüth aufkommen, wenn man sieht, daß der Offizierstand nur eine Versorgungsanstalt für den armen Adel ist? Man sagt mir, es gebe kein Gesetz, das den Bürgerlichen ausschließe; aber ich sage, der Usus thuts! Gesetze giebt es in Preußen hinreichend so viel, daß man es im Lande nicht aushalten könnte, wenn sie alle befolgt werden müßten; aber zu den nicht befolgten gehört auch dieses, daß der Offizierstand jedem zugänglich sein soll. Man sehe die Ranglisten, besonders einiger Regimenter an, und frage, ob sich in Schleswig kein einziger Unteroffizier brav gehalten! Im Felde soll aber der Soldat laut Gesetz auch ohne Examen Offizier werden.

In der österreichischen Armee giebt es Kadetten ex propriis. Sie bilden eine treffliche Pflanzschule für die

Offiziere. Jeder anständige Mensch nämlich, der sich selbst erhalten kann, tritt als Unteroffizier in den Dienst und hat auch in einigen Jahren Anspruch, Offizier zu werden. In der französischen Armee ist es noch so, wie unter Napoleon; jeder Soldat hat den Marschallsstab als Möglichkeit in seinem Tornister.

Wie schnell die Schweizer 100,000 Mann aufstellten, von denen Tags zuvor noch keiner besoldet war, ist aus dem Sonderbundskriege bekannt. Ich brauche nicht daran zu erinnern, wie trefflich sie sich schlugen. Damit würde man bei uns noch nicht durchkommen; man muß nur das Mögliche wollen und dies Mögliche zu einer Reform wäre folgendes:

Jeder muß zwischen dem 17. bis 21. Jahre in ein Regiment eintreten und eine Uebung im Bataillon mitmachen. Wer nach dem Urtheil der Soldaten und Offiziere in der Kompagnie für vollständig ausgebildet, für „fertig" angesehen wird, erhält seine Entlassung zur Reserve; die Andern bleiben bis zwei oder drei Jahre. Bei dieser Einrichtung würden die Meisten sich vorher schon einzeln privatim ausbilden, wie in der Schweiz. Nun giebt es aber viele, welche aus Neigung Soldaten bleiben wollen. Diese bilden die Cadres; so daß jede Kompagnie bei einer Stärke von 250 Mann bis 50 solche sogenannte Kapitulanten haben darf. In kurzer Zeit wird sich finden, daß jede Kompagnie mehr als 30 ganz alte Soldaten zählt, denn viele werden aus Neigung ihr ganzes Leben dem Waffendienst widmen und andere werden dies als Schule für den Offizierstand, für die nothwendige Vorbereitung ansehen. Hat jede Kompagnie erst 40 alte Soldaten, dann lernen

die jährlich Hinzutretenden gewiß leichter den Garnison=
dienst, den militärischen Geist und das ganze stehende Heer
hat dann nur alte Soldaten unter der Fahne.

Offizier darf nur werden, wer unter dem Cadre ein
Jahr als Soldat und zwei Jahre als Unteroffizier gedient
hat, im Frieden muß er das Examen machen. Dies macht
alle Kadettenhäuser unnöthig. Der Staat erspart die
1000 Thlr., die jeder Kadett kostet und wie in England
und Oesterreich werden sich genug junge Leute finden, die
auf ihre Kosten das Gymnasium absolviren oder sonst den
erforderlichen Unterricht nehmen. In England lassen es
sich reiche Leute oft noch Geld kosten, um eine Offizierstelle
zu erhalten und dennoch ist das englische Offizierkorps das
erste in der Welt, schon weil fortwährend Krieg in Indien
ist. Sobald man aufhört, den Offizierstand zur Versor=
gungsanstalt des Adels zu machen, werden reiche Bürger=
liche und Adelige genug sich zu ihm vorbereiten, Millionen
erspart werden und die Armee zu einem Fünftel aus Ve=
teranen bestehen, während jetzt selbst die Garde nur junge
Soldaten hat.

In der zweiten Berliner Kammer machten die neuen
Demokraten (Kinkel u. A.) ehrenrührige Ausfälle auf
die preußische Armee. Sie ernteten nur Erbitterung, Haß
und Rache. In der Paulskirche fiel von der Tribüne das
schnöde Wort von „verthierten Söldlingen." In der
zweiten Kammer sagte Kinkel: „Man muß die Soldaten
demokratisch machen" — Ihr klugen Köpfe! Wollt Vögel
fangen und schlagt mit Knüppeln drauf! Schwätzer aus
der Schule! Gebt doch Maximen und Maßregeln an, wo=
mit thatsächlich Reformen ermöglicht werden!

Wie die Preußen den von ihnen gepflegten Erwartungen entsprechen.

> „Aristokratische Hunde, sie knurren auf Bettler;
> ein ächter
> „Demokratischer Spitz klafft nach dem seidenen
> Strumpf."
>
> Schiller's Xenien.

Wie die preußischen Staatsmänner sich seit 1814 um das Vertrauen der Deutschen gebracht haben, ist oben gezeigt worden. Doch rechnete Deutschland noch auf das Volk der Preußen; seine Beamten waren ehrlich, die Rechtspflege, wenn auch pedantisch, doch gerecht und das Heer gut geschult. Auf dem vereinigten Landtage, welcher der Bewegung von 1848 vorausging, waren einige öffentliche Charaktere aufgetaucht, welche Vertrauen erregten und so fand das verhängnißvolle Jahr die Stimmung der Deutschen gegen das preußische Volk bedeutend gebessert.

Doch lief der Aufstand in Wien dem Berliner den Rang ab; aber nicht blos der Zeit nach, sondern er verlief auch unblutig und bewegte sich mehr in den Formen des Anstands und so wie er unerwarteter war, war er auch in seinen Folgen bedeutender, bei den dortigen weit größeren Mißbräuchen und bei dem größeren Umfange des Staates. Der bald darauf folgende Aufstand in Berlin hielt sich weniger in den Schranken der Mäßigung und wir erinnern dabei an das, was oben über die Erziehung des Berliner Pöbels gesagt worden. Doch bald traten die Abgeordneten des preußischen Volkes in Berlin zusammen und nicht gering waren die Erwartungen von der preußischen Nationalversammlung im übrigen Deutschland.

Der Verfasser, damals im Auslande, war erstaunt
darüber, daß man das allgemeine Wahlrecht hatte bewilli=
gen, so wie daß es hatte verlangt werden können; denn es
mußte Jedem einleuchten, daß mein Diener nicht dieselbe
Unabhängigkeit hat, als ich, wenn er sich auch derselben
Menschenrechte erfreuen muß; daß der Fabrikarbeiter nicht
dieselbe Erfahrung hat, als sein Herr, dem gewährt ist,
große Geschäfte mit Ordnung zu betreiben; so wie daß der
verschuldete Baron nicht dieselbe Unabhängigkeit hat, als
der reiche Fleischermeister. Ein Diplomat beschwichtigte
die Besorgniß mit den darüber erhaltenen Nachrichten.
Man hatte nämlich darin ein Mittel gefunden, einen Cen=
sus zu vermeiden, von dem man in Frankreich alles Unglück
herleitete, da man durch das allgemeine Wahlrecht der in dem
armen Preußen so verhaßten Geld=Aristokratie alle Macht
abzuschneiden hoffte. Man hatte darauf gerechnet, daß
der Einfluß des Adels auf dem Lande und im Beamten=
stande in den Städten alle Wahlen zu Gunsten dieser Par=
tei würde ausfallen lassen. Wie kurzsichtig diese Partei
war, hat der Erfolg gezeigt. In Berlin saßen auf den
Bänken der Volksvertreter Bauern und Hausknechte und
in Frankfurt sah man Leute, die Cynismus affektirten; es
mochten sehr ehrliche und selbst gescheidte Leute darunter
sein, allein das Aeußere einer solchen Versammlung konnte
eben kein günstiges Vorurtheil erwecken. In Frankreich
hatte der Minister des Innern aufgefordert, nur solche
Leute zu wählen, welche nicht lesen und schreiben können,
indem solche am besten den Communismus würden verthei=
digen können. Dennoch sah man in der Nationalversamm=
lung zu Paris keine solche Erscheinung wie in Deutschland,

das Schicklichkeitsgefühl hatte dort dafür gesorgt. Man sah in Paris eine Versammlung von Leuten von reiferem Alter, die schon im Aeußern das Aussehen von Volksvertretern hatten. In Bordeaux waren (was diese Erscheinung erklärt) die ersten beiden Wahlen auf reiche Kaufleute gefallen, diese machten daher die Wähler darauf aufmerksam, daß sie auch einen aus dem Stande der Arbeiter wählen möchten; doch diese erwiderten: „das würde sich schlecht ausnehmen, wenn einer von uns in jener Versammlung sitzen sollte; Sie haben uns bisher Arbeit gegeben, Sie werden auch für uns sprechen."

Zugleich konnte man daraus abnehmen, daß die Masse des Volkes dort nicht das Zutrauen zu den höheren Ständen verloren hatte. Dies war in Preußen nicht der Fall, das Ergebniß der Wahlen war so, daß man den Haß gegen die höhern Stände und das Mißtrauen gegen dieselben überall merkte. Wer aber in der Lage ist, sich Vertrauen und Liebe erwerben zu können und es nicht besitzt, kann es nur durch seine Schuld verloren haben. Bekanntlich ist Preußen das Land, wo die Standesverschiedenheit am meisten hervortritt; die Folgen haben wir leider gesehen; und es kann nicht zweifelhaft sein, wer daran Schuld ist, denn die handarbeitende Klasse in Preußen ist gewiß nicht schlechter als die in der Seestadt Bordeaux.

Wir haben im Vorstehenden den schmählingen Erfolg der Berliner Nationalversammlung und der ersten Versammlung der beiden Kammern daselbst gesehen; ihr gänzlicher Mangel an Klugheit hatte sie nicht blos um alle Sympathie der Preußen gebracht: sondern auch ganz Deutschland mußte alles Vertrauen zu der politischen Reise der

Preußen verlieren, welche stets wiederholten, an Intelligenz allen vorzugehen und gern ihr Paradepferd der zahlreichen Schulen reiten. Allein nicht die Menge der Schulen macht es aus, sondern das, was gelernt wird. In Schweden sind wenig Schulen, aber Jeder hält es für Ehrensache, lesen und schreiben zu können und in Marocco liest jeder Mensch den Koran; es sind dort eigentlich gar keine Schulen, allein jeder Vater erachtet es für seine Pflicht, seine Söhne darin zu unterrichten.

Doch glücklicher Weise für Preußen führten die Ereignisse von 1849 es herbei, daß sich die Augen des übrigen Deutschlands wieder auf diesen im Ganzen nicht sehr beliebten Staat errichteten. Die Kommunisten und rothen Republikaner hatten den Grundsatz aufgestellt, daß jede Konstitution eine Lüge sei, daß die Mehrzahl in einer Volksversammlung Unrecht habe, daß nur ein, ihnen beliebiges Prinzip allein Recht sei und daß die Welt gegen ihren Willen durch rohe Gewalt glücklich gemacht werden müsse. Dazu gesellte sich der Haß gegen die deutsche Kleinstaaterei und die unsinnigen Aufstände in den sächsischen Herzogthümern, selbst in Dresden und besonders in Baden. Sie wurden natürlich zur Freude aller rechtlichen Leute, die nicht die Rückkehr zum Faustrecht wollten, unterdrückt. Es mochten edle Menschen mit den besten Absichten unter diesen Utopisten sein; allein sie waren nicht klug, der Vernünftige kann, nach Guizot, nur das Mögliche wollen. Sie hatten das Unmögliche unternommen, wie in Berlin, Frankfurt und Breslau; sie waren daher der Strafe ihrer Unklugheit mit Recht verfallen.

Da erschienen die Minister der rettenden That; so

nennt man jetzt in Preußen die Minister, welche, vor sich ein tapferes, wohl geordnetes Heer und hinter sich den ihnen ganz vertrauenden Hof habend, seit dem Wiedereinmarsch in Berlin Ruhe und Ordnung herbei führten, nachdem die Bürgerwehren erklärt hatten; sie wollten sich dazu nicht hergeben, sie wären keine Polizeisoldaten.

Als nun die rothen Republikaner, Kommunisten und sogar Utopisten überall in Deutschland bei den ruhigen Massen die Angst verbreitet hatten, daß ihr Leben und Eigenthum gefährdet sei (ob mit Recht oder Unrecht, darauf kommt es nicht an, das Verbreitetsein jener Meinung war einmal vollendete Thatsache), da sah man in Preußen die Schutzmacht gegen die Anarchie und aus dieser Angst ging im Jahre 1849 das sogenannte Drei=Königs=Bündniß hervor und nicht allein die Fürsten hielten es für nothwendig, sondern auch eine ansehnliche Partei im Volke war dafür. Die Furcht vor den rothen Republikanern hatte den früheren Haß gegen Preußen und die Preußen beseitigt, man wollte Ruhe selbst durch die Preußen, wo man allerdings die mächtige Reaktion nicht verkannte; allein was alle früheren Mittel nicht vermocht hatten, das machte diese Furcht möglich, besonders da damals Oesterreichs Macht in Italien zweifelhaft und in Ungarn mehr als zweifelhaft war und sich durch die Nothwendigkeit, russische Hülfe anzunehmen, um allen Kredit als Großmacht gebracht hatte. Darum hoffte ein großer Theil der Deutschen auf Erfurt im Jahr 1850, durch Preußen, auf Deutschlands Untergang und theilweises Wiederaufstehen in Preußen.

Erfurt und die deutsche Union.

> "Meine Burgen zerfallen zwar; doch gebrüstet erblick' ich
> "Seit Jahrhunderten noch immer das alte Geschlecht."
>
> Schillers Xenien.

Das nachtheilige Vorurtheil gegen Preußen war wieder aufgetaucht; das Aufgeben des linken Rheinufers im Baseler Separat=Frieden, das zweimalige vergebliche Begehren nach Hannover, die getäuschten Hoffnungen nach der Besiegung Napoleons u. a. war unvergessen. Es ließen sich jetzt wieder, nachdem die erste Furcht vor den rothen Anarchisten beseitigt war, die Verhältnisse in genauere Erwägung ziehen. Man sah die großen Fortschritte, welche Oesterreich in seiner innern Verwaltung machte, man sah, daß dasselbe ganz mit der alten Zeit gebrochen, daß die Regulirung der bäuerlichen Verhältnisse, welche in Preußen durch die Aristokratie seit beinahe 40 Jahren aufgehalten worden war, in zwei Jahren in Oesterreich durch sofortige Aufhebung des Feudalwesens beendet worden war; wodurch auch die Einführung eines allgemeinen Gemeindewesens möglich geworden war, was in Preußen bisher nicht zur Ausführung kommen konnte. Deutschland sah daraus, daß das aristokratische Prinzip entweder in Oesterreich nicht so mächtig war oder daß die Aristokratie dort dem Zeitbedürfnisse nachgab.

Dagegen sah Deutschland aus der preußischen Kreuz=Zeitung, welche die Lieblings=Lektüre aller Hofleute und aller Gesandten im Auslande ist, daß die preußische Aristokratie noch nichts vergessen und nichts gelernt hat, daß sie nicht scheut, zur Befestigung ihrer alten Feudalrechte sich solcher Mittel zu bedienen, wie der Waldeck'sche Prozeß zu Tage gefördert und daß sie noch sehr mächtig ist, konnte man aus so manchen Erscheinungen in der Organisation und Verwaltung bemerken. So unklug die neuen Demokraten waren, so sehr waren es auch, wiewohl seltener, die alten Aristokraten, von denen der Verfasser wiederholt, in verschiedenen Gegenden und von verschiedenen Personen, die folgenden Aeußerungen führten: „Alles Unglück in Deutschland ist von der preußischen Regierung in früherer Zeit ausgegangen, indem sie 1807 die Bauern emancipirte und 1810 die Städteordnung gab, wo sich die Pflanzschule der Demagogen gebildet hat!" Oder: „Das herrliche patriarchalische Band, das so lange zwischen Gutsherrn und Unterthan bestanden hat, ist damals von der Regierung selbst gelockert worden; daher jetzt kein Mensch gehorchen will." Ferner: „Unsere gutsherrlichen Rechte sind uns ungerechter Weise genommen worden, wir müssen alles daran setzen, bis sie uns wieder gegeben werden; dies war die erste Lehre des Kommunismus!" Ferner: „Seit sich in die Armee bürgerliche Offiziere eingeschlichen haben, hat sich in derselben auch ein demokratisches Element entwickelt; glücklicherweise haben uns die Garde-Offiziere gerettet!" Ferner: „Eher wird es nicht besser werden, bis der ritterliche russische Kaiser uns zu Hülfe kommt, um alle Demokraten über den Rhein zu jagen, wo die Franzosen nur darauf warten, um durch Heinrich V. wieder in einen beruhigten Zustand zu gelangen." Endlich: „Die Geschichte hat bewiesen, daß die Völker keine Konstitution verdienen, sie wollen unumschränkt beherrscht werden; auch finden sie sich wohler dabei." Wenn nun dazu ein Diplomat gegen den Verfasser mit folgender Rechtsausführung auftrat „Da, wo bereits Konstitutionen bestanden, gingen die Völker dennoch immer weiter, wenn sie die Mächtigern waren und hielten die Konstitution nicht. Warum sollen die Fürsten diese halten, da sie jetzt die Oberhand haben?"

Kann der Deutsche, der von Preußen solche Grundsätze aussprechen hört, zu einem solchen Volke Vertrauen haben? kann er wünschen, daß Deutschland in Preußen aufgehe? Kann er Vertrauen haben, wenn er sieht, was die neuen Demokraten seit den letzten zwei Jahren gethan haben? In der Politik kommt es nicht darauf an, was man hat thun wollen, sondern was man gethan hat; nicht der gute Wille giebt den Ausschlag, sondern die That; denn die vollendete Thatsache entscheidet. Kann endlich Deutschland Vertrauen haben zu einem Volke, wo seit einem halben Jahre so viele öffentliche Blätter ihren Glauben an diese Union aussprachen? Konnte Deutschland zur preußischen Union in Erfurt Zutrauen haben, da sie in die Hände des Herrn von Radowitz gelegt war? da man anderes im Munde führte, als im Werke hatte?

Dazu kommt noch die schleswig=holsteinische Angelegenheit, worüber man sich auch noch nicht weiter klar geworden ist, als daß die tapfere preußische Armee zwei Feldzüge gegen das kleine Dänemark verloren hat. Ohne zu untersuchen, ob sie nicht siegen gekonnt oder gewollt hat, wollen wir nur auf den eigentlichen Stand der Sache aufmerksam machen. In Dänemark war durch die Lex Regia die Macht des Adels gebrochen, als diese deutschen Herzog=

thümer mit Dänemark vereinigt wurden. Bald fand sich der deutsche Adel aus diesen Ländern in Kopenhagen ein und wußte bald wie gewöhnlich die besten Aemter für sich zu behalten. Seitdem ward der Haß unserer Stammgenossen der Dänen gegen die Deutschen angefacht. Der schleswig-holsteinische Adel fürchtete, daß nach und nach die volksfreundliche und adelsfeindliche Lex Regia auch bei ihnen Geltung finden dürfte; daher ward dort eine aristokratische Verschwörung angesponnen; dies fand Anklang bei der Kamarilla der Höfe und so ward dies nicht als Hochverrath angesehen. Man bedurfte eben eines größeren Anhangs, daher ward dieser Adelsverschwörung der Anschein einer rationellen Bewegung gegeben. Da diese aber andere Zwecke verfolgte, als der Adel, war auf einmal alle Sympathie verschwunden, was bei jenem löblich schien, ward jetzt als Rebellion angesehen. Hinc ira!

Das Resultat der Erfurter Union ist bekanntlich ganz nach den Wünschen der preußischen Aristokratie ausgefallen; sie wollte nie von Deutschland etwas wissen, da das konstitutionelle Deutschland nur das patriarchalische Preußenthum beirrt. So konnte man auch die lästige deutsche Kokarde zur großen Freude der preußischen Leutenants beseitigen.

Schluß.

> „Ach, wie sie Freiheit schrei'n und
> Gleichheit; geschwind wollt' ich folgen;
> Und weil die Trepp' mir zu lang
> Deuchte, so sprang ich vom Dach."
> Schillers Xenien.

Nachdem die Freiheit Deutschlands untergegangen, war es ein schöner Traum, an dessen Wiederherstellung zu glauben. War das versprochene Aufgehen Preußens in Deutschland möglich, da die Preußen mit der erworbenen Freiheit nichts anzufangen wußten und Alles überstürzten? War es möglich, bei einem Junkerthum, das sich an das Feudalwesen krampfhaft anklammert, wohl wissend, daß es sonst keine Geltung mehr hat? bei einem Adel, der in der Zeit der Gefahr so vollständig den Kopf verlor, daß man an Frau von Staël erinnert wird, welche sagte:

> „In einem Lande ohne Freiheit findet man
> Kraft nur bei den Aufrührern!"

Ein anderer Ausspruch dieser wahren Freundin der Deutschen (denn sie sagte uns die Wahrheit):

> „Im Zustand der Revolution ist oft das Glück
> mehr zu fürchten, als Niederlagen."

entschuldigt zugleich einigermaßen die neuen Demokraten in Preußen; sie glaubten, mit der französischen Revolution sei schon alles gethan und jede Schwierigkeit gehoben. Ohne Mühe und Anstrengung geben die Götter hohe Güter den Sterblichen nicht und nur der weisen Mäßigung, niemals aber der tollen Unbesonnenheit gestatten sie ihren ruhigen Genuß; unsere jungen Demokraten glichen aber leider noch ihren Vorfahren, von denen Schiller sagte:

> „Daß der Deutsche doch alles zu einem
> Aeußersten treibt."

Von dem übrigen Deutschland zu verlangen, daß es durch ein solches Preußen erstarke, zwischen solchen alten Aristokraten und zwischen solchen neuen Demokraten, das ist unmöglich, die Sünden beider liegen zu sehr am Tage und in der Mitte zwischen alter Aristokratie und neuer Ultrademokratie steht als Amphybion die Bürokratie. Die Massen sind eingeschüchtert durch die Demokraten und wünschen jetzt Ruhe; lieben sie auch nicht die alten Aristokraten, die nichts vergessen haben, so fürchten sie doch die neuen Demokraten, die nicht einmal gute äußere Formen gelernt haben. Wer aber nicht einmal die Form sich aneignen kann, wie vermag er da ins Wesen einzudringen.

Die „Union" ist ein Irrlicht. Dieses Spielzeug, womit man die politischen Kinder kirrte und amüsirte, ist schon halb zerbrochen. Aber leider ist auch dadurch alles so verkehrt und verwirrt worden, daß man auf Verhandlungen der Regierungsbevollmächtigten in Frankfurt a. M. keine großen Hoffnungen zur Herbeiführung der deutschen Einheit setzen kann. Es ist durch die Gagern'sche Partei dafür gesorgt, daß keine Einheit Deutschlands bewerkstelligt werde, da sie den preußischen Ehr=Vergrößerungs= und Herrschgeist angeschürt hat. Dieser allein reicht hin, um alles zu vereiteln, was zur Errichtung einer allgemeinen Einigung angefangen wird. Es ist der alte Jammer. Welche Renommage macht sich gegenwärtig in fast allen Schriften breit, die von Preußen in dieser Frage ausgehen! Wie undeutsch sind die Instruktionen, welche (nach den Zeitungen) die preußische Regierung ihren Bevollmächtigten gegeben! Wie unpatriotisch und egoistisch ist es, daß Preußen an Oesterreich das Anerbieten eines Dualismus macht und auf dieser Forderung besteht, durch die achtzehn Millionen Deutsche (und wahrhaftig nicht die schlechtesten) um ihre politische Geltung b e t r o g e n werden sollen.

Ein Ausweg würde diesen bleiben: Die 18 Millionen konstitutioneller Deutschen müßten für sich einen Staaten= bund wie die Schweiz bilden, ohne von Oesterreich oder Preußen abzuhängen und auf Neutralität bestehen; dann könnte kein Krieg zwischen Frankreich und Rußland mehr auf Deutschlands heiligen Boden ausgekämpft werden.

Made in the USA
Monee, IL
03 May 2026